もっと知りたい！　大谷翔平
SHO-TIME観戦ガイド

福島良一
Fukushima Yoshikazu

小学館新書

はじめに

皆さん、こんにちは。大リーグ（以下、ＭＬＢ）評論家の福島良一です。

インターネットテレビＳＰＯＴＶ ＮＯＷ、及びＡＢＥＭＡのＭＬＢ中継をご覧になっている方には、ＭＬＢ解説者の方が馴染みがあるかもしれませんね。

実は今年、２０２３年は、私が初めて米国の現地でＭＬＢを観戦してから、ちょうど50年の節目の年にあたります。１９７３年の夏から50年間、ずっとＭＬＢを見続けてきましたので、今となるとこの観戦歴の長さは、日本では私が一番なのではないでしょうか。これはＭＬＢ評論家として皆さんに自負できることだと思っています。

さてこの半世紀、私はＭＬＢで様々な素晴らしい選手を見てきました。そして数々のスタープレーヤーのなかでも一番衝撃を与えてくれた選手、それがエンゼルスの大谷翔平選手でした。これほどの衝撃を与えてくれた選手は、今まで誰ひとり存在しませんでした。

ましてや、それが日本人だったとは！　最大の驚きでした。

　1964年に日本人メジャーリーガー第1号としてジャイアンツに村上雅則投手が入団し、2年間在籍して以降、MLBに全く日本人がいなかった時代を経て、1995年ドジャースで野茂英雄さんがデビューし、2001年マリナーズでイチローさん、2003年ヤンキースで松井秀喜さん、2007年レッドソックスで松坂大輔さん、2012年レンジャーズでダルビッシュ有投手がデビューをして活躍し、いい流れで来て、最後に大谷翔平！　いや、最後ではないと思いますが、日本人選手たちの活躍には驚かされてきて、もうこれ以上はないと思っていましたけど、まさかベーブ・ルース以来100年ぶりに二刀流のスーパースターが現れるとは想像もできなかったですね。驚き具合で言えばトドメの一撃、というほどの衝撃でした。

　今から約50年前、私の少年時代、メジャーリーグは夢のような世界で、はるか遠い存在でした。当時、日本ではMLBの情報源がほとんどなく、東京都内にある一流ホテルの売店などで米国から輸入された野球専門誌を購入するか、在日米軍向けのラジオ放送FEN（現AFN）で、スポーツニュースや毎週何試合かの実況中継を聞くぐらいしか手段がありませんでした。だからこそ野球王国アメリカ、世界最高峰のベースボールがどれほど凄いものか、自分の目で見たいと興味を持ち始めたのです。

振り返れば初めて渡米する２年前の１９７１年、ボルティモア・オリオールズが日米親善野球で来日し、あの無敵の強さを誇った巨人が子ども扱いされ、コテンパンにやっつけられてしまったのを目の当《ま》たりにしました。当時は王貞治さん、長嶋茂雄さんが全盛期のＯＮ時代。読売巨人軍はＶ９まっただ中の黄金期でした。その巨人が全く歯が立たなかった。これは強烈な印象として今でも鮮明に記憶に残っています。

本場の米国で野球が見たい！　そんな熱い思いが一気に湧き上がったのは、それからです。あの強さに憧れて、ＭＬＢを見たい一心で勉強や研究を続けてきました。それだけ米国は、ＭＬＢは強かったんです。だから現在、日本人選手がこれほど活躍しているのは大変うれしい反面、実は一抹の寂しさも感じます。

それでも、やっぱりＭＬＢの試合は見ていて楽しいですね。２０２０年からはなんと、インターネットテレビＳＰＯＴＶ ＮＯＷ、さらに翌年からＡＢＥＭＡのＭＬＢ中継で解説者を務めることになりました。大谷選手の大活躍で視聴者数はうなぎ登りに増え続け、ABEMAでは100万人を突破。中継では通常、解説者は声だけの出演ですが、2022年にはABEMAで中継のために特設スタジオが設置され、試合の前後やイニングの合間には映像がスタジオに戻り、私自身が顔を出して画面に登場するようになりました。私のコーナーも設けられ、MLBのワンポイント解説なども行うようになり、かなりの反響をいただくようになりました。本当に、ありがたいことです。

MLB中継は楽しく、いつも自由にやらせていただいています。そして時には我を忘れて応援に熱が入ることもあります。2022年シーズンのエンゼルスでは、ホームランを打った選手がベンチに戻ってきた時に、ホームランを祝してチームメイトがコップに入った水をかける儀式「ウォータースプラッシュ」が定番となっていましたが、実は私も放送中に1人ウォータースプラッシュをやったことがありました。大谷選手に8試合ホームランが出ていなかった2022年9月、マイクの脇にあった紙コップの水を自分の顔にスプラッシュして、

「よし、これで大谷選手がホームラン、打ちます!」

と特設スタジオから宣言したのです。残念ながらその日は打たなかったのですが、これがネットニュースになり、「放送事故？」と話題になったみたいですね。また2022年のシーズン最終戦、大谷選手が投手の規定投球回に到達し、打者の規定打席到達と合わせての「ダブル規定到達」の偉業を達成したとき、人目をはばからずに喜びを爆発させ、絶叫しながらバンザイをしてしまいました。その歓喜の様子もネットで話題になっていたようです。大きな反響をいただいて本当に感謝しております。

2018年からMLBに活躍の場を移した大谷選手の5年間は山あり谷ありでした。二刀流で衝撃デビューを飾りながら、シーズン途中で右肘を故障し、最終的にトミー・ジョン手術（投手の損傷した肘の腱や靱帯《じんたい》などの修復手術）に踏み切った1年目。肘のリハビリと並行して、打者専念の〝一刀流〟で出場を続けた2年目。コロナ禍でシーズンの日程が大幅に短縮される大打撃を受け、故障再発に加えて投打で結果が出せなかった試練の3年目。歴史に残る二刀流の大活躍、投打で覚醒した4年目。2年連続でシーズンを完走し、二刀流の継続力を示した5年目。最高峰のレベルで二刀流が通用するのか懐疑的な目を何度も向けられては、その度に実力ではね返してきました。4年目の2021年シーズンオフは日本人初の満票でＭＶＰに輝き、以下のような表彰ラッシュで11冠を獲得しました。

①ベースボール・ダイジェスト誌の野手部門最優秀選手
②ベースボール・アメリカ誌の年間最優秀選手
③ＭＬＢコミッショナー特別表彰
④ＭＬＢ選手会が選ぶ年間最優秀選手
⑤ＭＬＢ選手会が選ぶアメリカン・リーグ（以下、ア・リーグ）最優秀選手
⑥スポーティング・ニューズ誌の年間最優秀選手
⑦シルバースラッガー賞（ア・リーグＤＨ部門）
⑧ア・リーグ最優秀選手（ＭＶＰ）
⑨オールＭＬＢチーム・ＤＨ部門（ファーストチーム）
⑩オールＭＬＢチーム・先発投手部門（セカンドチーム）
⑪最優秀ＤＨ賞（エドガー・マルティネス賞）

MVPを獲得した翌年の2022年は、ヤンキースのアーロン・ジャッジがシーズン62本のホームランでア・リーグ記録を塗り替えて立ちはだかり、2年連続のMVP獲得はなりませんでしたが、大谷選手は前人未到の規定投球回、規定打席のダブル規定到達の偉業を達成しました。

ABEMAの視聴者の声に耳を傾けてみると、こうした大谷選手の規格外の活躍に魅せられ、ここ1、2年で大谷選手のファンになった方が多いことに気がつきます。エンゼルス戦の視聴者数は100万人を軽く超えるのに、エンゼルス戦以外のMLB中継の視聴者数は数万人程度。ほとんどの方が大谷選手を目当てにMLBを視聴していることがよくわかります。2023年3月のWBC（ワールド・ベースボール・クラシック）で大谷選手の大活躍を目の当たりにしてファンになった方もいらっしゃるでしょう。

しかし一方で、大谷選手の応援はしているけど、そもそもMLBのことはよく知らない、チームや選手のこともよくわからない、という方も多くいらっしゃるのではないでしょうか。この本は、そんなにわかファンの皆さんに、より大谷選手の活躍とMLB観戦を楽しんでいただくためのガイドブックです。

これまでも様々な記録を更新してきた大谷選手ですが、更新の可能性がある歴史的な記録や史上初の快挙は、実はまだまだたくさんあります。どんな記録更新の可能性があるのかを知っているだけでも、応援する楽しみが増えるでしょう。また、大谷選手がホームランを打った相手がどれだけ凄いピッチャーなのか、あるいは三振を奪ったバッターがどんなスラッガーなのか、対戦するライバルたちのことを知っているだけで活躍の凄さがもっと実感できます。大谷選手の所属しているエンゼルスという球団の特徴やチームメイトたちについて知ることで、何気なく見ていたベンチの光景もひと味違った視点で楽しむことができるでしょう。そして皆さんが気になる大谷選手の移籍についても、将来の未来予想図を描きながら独断で占ってみたいと思います。

ところで、日米で大谷フィーバーを巻き起こしている大谷選手ですが、ABEMAの視聴者やネットファンの間では「大谷さん」と親しみを込めて呼ばれているのをよく目にします。呼び捨てされることが多い野球選手のなかでは珍しいことですが、これはエンゼルス戦の実況を務めていたビクター・ロハスさんが、大谷選手がホームランを打つたびに

「ビッグフライ！　オオタニサン！」

と絶叫していたことがきっかけでしょう。「オオタニサン」というフレーズが耳に残り、ネットでも一般的に使われるようになったようです。プレーの合間にゴミを拾ったり、子どもたちにていねいにファンサービスをする大谷選手の人柄にもぴったりの呼び方ですね。そこで本書では、ファンの皆さんに倣《なら》って大谷選手のことを、この本では「大谷さん」と呼ぶことにしたいと思います。

お茶の間で、読者の皆さんに大谷さんのＭＬＢ観戦をもっと楽しんでいただくために、本書がお役に立てばこれほど幸せなことはございません。皆さんが知らない現地直送の情報もふんだんに交えながらお届けしますので、どうぞお楽しみに。

※本書のデータは２０２２年シーズン終了時のものです。

もっと知りたい！　大谷翔平
SHO－TIME観戦ガイド　　目次

第1章

まだまだ眠っている前人未到の歴史的大記録

「アンビリーバブル！」

これは大谷さんのプレーを目の当たりにした多くの人が口にする言葉です。野球ファンはもちろんのこと、他球団の選手や監督、チームメイトまでもが目を丸くして驚きます。

前述したように、大谷さんはMLBの5年間で、幾度となく歴史的な偉業を成し遂げてきました。元祖二刀流のベーブ・ルース以来約100年ぶりに達成した記録や史上初の快挙の数々など、まさに信じられないようなパフォーマンスでMLBを盛り上げてきたのです。

もちろん今後も夢は広がるばかりです。この先、どんな快挙を成し遂げてくれるのか。想像するだけでもワクワクしますね。第1章では、大谷さんが今後達成する可能性のある記録の数々を取り上げ、皆さんと一緒に楽しんでいきたいと思います。

投打二刀流の完全試合

まずは夢のような記録からご紹介してみましょう。MLB史上初となる、投手として完全試合を達成し、同時に打者としてホームランを打つという記録です。MLBの歴史を振り返ると、過去に23人の投手が完全試合を達成しています。古くは1904年に歴代1位の通算511勝を誇るサイ・ヤング、最近では2012年当時マリナーズの「キング・フェリックス」ことフェリックス・ヘルナンデスが偉業を成し遂げています。2013年には当時レンジャーズのダルビッシュ有もアストロズ戦で9回2死までパーフェクトを続けましたが、惜しくもあと1人で偉業達成を逃しています。

大谷さんにとって完全試合は決して遠い夢ではありません。2018年、エンゼルス入団1年目、投手としての本拠地デビューとなった4月8日のアスレチックス戦で、完璧なスタートを切り、いきなり6回までパーフェクト投球を披露しました。球場全体に完全試合を期待するような空気が漂い始めましたが、結局、7回1死から96マイル（約154キロ）の速球をレフト前に運ばれ、惜しくも偉業達成はなりませんでした。それでも大谷さんの力投には観客総立ちで拍手が送られました。

4年後の2022年4月20日、敵地ヒューストンのアストロズ戦でも6回1死までパーフェクト。さらに先発全員から自己最多タイの12奪三振。その年のワールドシリーズを制覇したアストロズを相手に圧巻のピッチングでした。本人は試合後、「（完全試合は）頭にはありましたけど、球数が多かったので9回までは行かなかったと思います」と言ってはいたものの、前年に比べて2022年シーズンはストライク率が64%から66%に上がり、9イニング当たりの与四球が3・04から2・39に減少。制球力が改善されたことで余計な球数を抑え、長いイニングを投げられるようになりました。

MLB史上最高の速球投手で、エンゼルス球団史上最高の投手とも言われるノーラン・ライアンは史上最多の7度もノーヒットノーランを記録しました。奪三振能力が高く、大谷さんとも似たタイプですが、速球投手にありがちな制球に難があり、完全試合は一度もありませんでした。

過去に完全試合を達成した23人の投手のうち、同じ試合でホームランを打った選手は存在しません。これを達成できるとすれば、二刀流の大谷さんしかいないでしょう！　投手として進化し続ける大谷さんなら、完全試合の快挙達成の日もそう遠くないはずです。そのときには投打二刀流の本領を発揮し、自らホームランを打ち、歴史的偉業を成し遂げてもらいたいものです。

ノーヒットノーラン

いきなり最もハードルが高い完全試合を期待してしまいましたが、もっと達成の可能性があるのがノーヒットノーランです。MLBでは2022年までに通算318回記録されています。そのうち日本人投手も2人達成しています。日本人メジャーリーガーのパイオニア野茂英雄と当時マリナーズの岩隈久志です。1995年にドジャースでデビューした野茂英雄は、翌1996年9月17日のロッキーズ戦、敵地コロラド州デンバーのクアーズフィールドで日本人初の快挙を達成しました。標高1600メートルにある同球場は空気が薄く、打球が良く飛ぶので別名「バッター天国」と言われていますが、投手にとっては地獄の球場です。その地獄の球場で成し遂げただけに「最も価値あるノーヒッター」として評価されています。さらに2001年のレッドソックス時代、4月4日の開幕2戦目に敵地ボルティモアのオリオールズ戦で自身2度目の快挙達成。いずれも殿堂入り大投手のサイ・ヤング、ジム・バニング、ノーラン・ライアンに次ぐ、史上4人目のア・リーグ、ナ・リーグ（ナショナルリーグ）両リーグでの偉業を成し遂げました。

2015年にはマリナーズの岩隈久志もオリオールズ戦でノーヒットノーランを達成。MLB4年目での初完投となり、本人も「できるとは思わなかった」と言っていました。昔と違って現在は先発投手の球数が100球前後に抑えられ、なかなか1人での記録達成が難しい時代になっています。そのためノーヒッターを継続していても途中で交代させられるケースが増えています。

しかしそんな中、大谷さんは何度かノーヒットノーランに近い快投を演じています。私たちの記憶に新しいところでは、2022年9月29日のアスレチックス戦で8回2死までノーヒッター。本人も「狙っていたと言うか、気にはしていた」のですが、あと4人で惜しくも記録達成を逃しました。しかし8回を2安打無失点に抑える快投でした。

ところで、MLBにはノーヒットノーランを演じ、自らホームランを打った投手が過去に5人います。古くは1884年のフランク・マウンテン（コロンバス）、1900年以降の近代野球では1931年のウエス・ファレル（当時インディアンス、現ガーディアンズ）、1944年のジム・トービン（ブレーブス）、1962年のアール・ウイルソン（レッドソックス）、そして1971年のリック・ワイズ（フィリーズ）です。ワイズは、なんと2本のホームランを打ちました。

1971年6月23日、当時フィリーズのワイズは敵地シンシナティのレッズ戦でノーヒッターを達成。その試合で自ら2本のホームランを記録しました。実はその日は風邪気味で体調が悪く、朝になって起きるのも辛い様子だったようで、本人は「球場に行きたくない」と言うぐらい最悪の状態でした。それでもいざ試合が始まると、当時「ビッグレッドマシン」の異名を取った強力打線相手にノーヒッター。しかも、5回に2ランで自らを援護し、8回にはダメ押しのソロホームランを放ちました。この記録を破れるのは、大谷さんしかいないでしょう。ワイズは大谷さんのことを「驚くべきアスリート」と言っていますが、そのワイズを超えるようなパフォーマンスが見られることを期待したくなります。史上初のノーヒットノーラン&1試合3発、さらには完全試合&ホームラン……。大谷さんなら、きっとやってくれるはずです。

ノーヒッター&サイクルヒット

大谷さんはホームランを打てる長打力に加え、MLBトップレベルの俊足を誇る万能選手です。その結果、二塁打、三塁打も多くなるため、1試合にシングルヒット、二塁打、三塁打、ホームランを打つ、いわゆるサイクルヒットの達成が期待できます。

すでに2019年6月13日、敵地フロリダ州セントピーターズバーグのレイズ戦で自身初のサイクルヒットを達成しています。その試合は3番DHで先発出場し、初回にホームラン、3回に二塁打、5回に三塁打、そして7回にセンター前ヒットを放ち、MLBで日本人選手初のサイクル安打を達成。MLBで通算3089安打を誇るイチローでさえ成し遂げられなかった偉業でした。

同年9月7日のホワイトソックス戦でも初回に二塁打、3回にホームラン、4回にシングルヒットを放ち、MLB史上5人しかいない1シーズン2度のサイクルヒット達成も目前！　という試合もありました。また、2022年6月11日のメッツ戦では4打席目以降に三塁打が出ればサイクル安打達成でした。ちなみに、その試合でかつて投打の二刀流に挑戦した同僚のジャレド・ウォルシュが初のサイクルヒットを達成。試合後、ウォルシュは大谷さんにも記録達成のチャンスがあったことに触れ「彼ほどの能力があれば、来週達成したって僕は驚かないね」と期待していました。大谷さんのようにパワーがあって足も速ければ、ホームランだけでなく二塁打や三塁打も打てるため、自身2度目となる偉業達成への期待も膨らみます。2023年4月27日のアスレチックス戦では、ホームランが出れば先発投手による史上初のサイクルヒット達成まであと一歩と迫りました。

ただ、現在の主流となっている野球専用球場は、1960〜1970年代に流行したフットボール兼用の円型スタジアムと違い、外野の膨らみがあまりありません。その結果、サイクルヒット達成のための最大のカギとなる三塁打が減少傾向にあり、たとえ大谷さんのような才能の持ち主でも再度達成するのは容易でありません。2022年シーズン終了時点でノーヒットノーランがMLB全体で通算318回、サイクル安打は通算339回とほぼ同じぐらいの数字です。つまり投手がノーヒッターを達成するのと同じぐらい打者のサイクルヒットは難しい記録だと言えるのです。従って、もし大谷さんがノーヒットノーランの快挙を成し遂げたとしたら、投打で同じぐらい難易度が高い記録を1人で2つ達成することになります。MLBで誰も達成したことがないノーヒッターとサイクルヒットのダブル偉業達成！　まさか、こんなことまでやってしまうとは、と何度も思わせてくれた大谷さんなら、大いに可能性があります。皆さん、大いに期待しちゃいましょう。

勝利投手&1試合ホームラン3本

大谷さんはMLB最初の5年間でマルチホームラン、すなわち1試合に2本のホームランを通算12度マークしています。特に、2022年はトロイ・グロースが持つ球団記録に並ぶシーズン6度のマルチホームランを達成しました。一方、日米を通じて1試合ホームラン3本はありません。また、ヤンキースなどで活躍した日本人を代表するスラッガー、松井秀喜をはじめ、他の日本人選手も達成したことがありません。簡単なことではありませんが、MLBには投手で1試合ホームラン3本という、とんでもない記録があります。しかも、その試合で勝利投手にもなっています。彼の名はジム・トービンです。

1937年からパイレーツなどに9年間在籍し、通算105勝をマーク。また、投げるだけでなくバッティングにも定評がありました。すでにマイナーリーグ時代から1イニングに満塁ホームランと満塁走者一掃の適時二塁打で計7打点という記録を作りました。その後、MLBでも投打に活躍し1942年、ブレーブス時代にシーズン最初の先発登板試合でホームラン。5月12日、当時の本拠地ボストンでのカブス戦、8回に代打ホームランを放ちました。そして、翌13日の同じくカブス戦に先発登板し、5回に同点ソロ、7回に再び同点とするソロホームランを放ちました。さらに8回にこの試合3本目となる決勝2ラン。また、投げては9回5安打5失点に抑えて完投勝利を挙げました。

19世紀まで時代を遡るともう1人、1試合ホームラン3本を記録したピッチャーがいます。1886年のガイ・ヘッカーという投手です。しかし、当時はグラウンドの大きさや試合のルールも大きく異なり、1900年以降の近代野球とは比較しようがありません。ちなみに、3本とも全てランニングホームランだったようです。

トービンの話題に戻すと、彼はMLBで9年間プレーして通算のホームランはわずか17本。年度別に見て最も多かったのが42年のホームラン6本でした。当時は第二次世界大戦中で多くのメジャーリーガーが戦場に駆り出されました。従って、彼の記録にケチをつける気など毛頭ありませんが、MLB全体のレベルが多少下がっていた時期ではありました。

さて過去に12回マルチホームランを記録している大谷さんですが、2018年8月3日のインディアンス戦、2022年5月29日のブルージェイズ戦ではそれぞれ初回と3回にホームランを打ちました。今後も同じように早いイニングで2本をマークするケースがあれば、1試合ホームラン3本の可能性は十分にあります。それを勝利投手の試合で達成するなら、トービン以来、約80年ぶりの大記録となります。ファンの皆さん、掘り起こせばまだまだ大谷さんが成し遂げるかもしれない歴史的偉業は眠っているんですよ。

1試合ホームラン4本

1試合にホームラン3本を達成すれば、次はやはり、1試合にホームラン4本という夢が膨らみます。MLB史上1試合にホームラン4本を放った選手はわずか18人。1900年以降の近代野球史上初めて1試合ホームラン4本を放ったのは〝鉄人〟ルー・ゲーリッグでした。1920〜1930年代にヤンキースでベーブ・ルースと史上最強の3、4番コンビを組み、当時不滅の大記録と言われた2130試合連続出場を達成した選手です。彼の栄光の野球人生を描いた映画『打撃王』でも有名です。とはいえ、その存在は米国野球史上最大のヒーローであり、当時不滅と言われた通算714本のホームランを放ったルースの陰に常に隠れていました。しかし遂にルースも成し遂げたことがない記録を打ち立てたのです。それが1試合ホームラン4本でした。1932年6月3日、敵地フィラデルフィアのアスレチックス戦で初回に先制2ラン、さらに4回、5回、7回と4打席連続ホームラン。普段は口数が少ないジョー・マッカーシー監督も「今日こそはお前がヒーローだ」と祝福しました。

翌日の新聞で大々的に報じられるかと思いきや、ちょうど同じ日にMLB歴代2位の通算2763勝を誇るジャイアンツの「リトルナポレオン」こと名将ジョン・マグロー監督が引退。大記録も新聞の片隅に追いやられたという残念なエピソードも残っています。

1試合ホームラン4本を達成した日本でもお馴染みの選手と言えば、怪力ボブ・ホーナーです。1978年にアリゾナ州立大からドラフト全体1位指名でブレーブスに入団。最初はマイナースタートの予定でしたが、「俺にはマイナー経験なんか必要ない」と直訴し、いきなりメジャーデビュー戦でホームランを放つなど活躍して、ナ・リーグ新人王を獲得。1986年には1試合ホームラン4本を記録し、翌1987年に現役バリバリでヤクルト・スワローズに入団。最初の2試合でホームラン4本と活躍し、「ホーナー現象」なる流行語も生まれました。

最近では2017年に当時レッズで活躍したスクーター・ジェネットと、当時ダイヤモンドバックスのJ・D・マルティネスが1試合ホームラン4本を記録しました。ジェネットは米国人にしては身長180センチと小柄でホームランバッターではないにもかかわらず、突如として1試合ホームラン4本をマークしたのです。テレビで他の試合を解説中に速報が入り、ビックリ仰天した記憶があります。

しかし、大谷さんだったら驚きません。今後も2番、3番の打順なら、1試合に5打席回る確率も高くなり、それだけ記録達成のチャンスが出てきます。ちなみに、投打の記録を対比すると、投手の完全試合が23人に対し、バッターの1試合ホームラン4本は18人。そういう意味では完全試合に匹敵するぐらい価値のある記録と言えそうです。もし大谷さんが完全試合と1試合ホームラン4本という偉業を両方とも達成したら、それこそ永遠不滅の大記録になること間違いなしです。

2年連続2桁勝利&2桁ホームラン

2022年、大谷さんは1918年に元祖二刀流のベーブ・ルースが13勝とホームラン11本をマークして以来史上2人目、104年ぶりに「2桁勝利&2桁ホームラン」の大偉業を達成しました。２０２２年は前半戦のオールスター前までに自己最多に並ぶ９勝をマーク。後半戦に入り３連敗しましたが、２０２１年から延べ７度目の２桁勝利への挑戦となった８月９日、敵地オークランドのアスレチックス戦で10勝目を挙げました。

しかし、本人は「光栄なことだとはもちろん思いますけど、シーズン中とか、自分の今の数字がどういう印象なのかとかはあまり分からない。終わった後にどんなシーズンだったのかを振り返られればいいと思います」と、まるで人ごとのようでした。将来、二刀流選手が増えたら「普通の数字かもしれない」とも語っていました。しかし、２桁勝利＆２桁ホームランを２年連続達成するとなると、話はまた別です。

１９１８年に13勝７敗、ホームラン11本をマークしたルースでしたが、翌１９１９年は９勝５敗、ホームラン29本で惜しくも２年連続の偉業達成はなりませんでした。ちなみに20世紀前半、米国にあった黒人だけのプロ野球リーグ、ニグロリーグでは後に米国野球殿堂入りした伝説の二刀流スター、ブレット・ローガン（モナークス）が１９２２年に14勝＆ホームラン15本。１９２７年にエド・ライル（スターズ）も11勝＆ホームラン11本をマーク。しかし、いずれも翌年は達成できませんでした。従って、２０２３年にもし大谷さんが２

桁勝利&2桁ホームランをマークすれば、2年連続は史上初の快挙なのです！

2022年、大谷さんは最終的に15勝を挙げ、ホームラン34本と投打で好成績を収めました。11月、MVPが発表される前に放送されたMLBネットワークの番組内で、大谷さんは「去年（2021年）は対照的にバッターの方が良かったですけど、今年はピッチャーの年だった」と2022年シーズンを振り返っています。確かに投手としての進化が顕著で、「全体的にはスライダーが多かった印象。途中でシンカーを加えて、さらに幅が広がった」と本人も手応えを感じていました。2桁勝利&2桁ホームランを続けるために鍵になるのはピッチングです。今の時代に2年連続10勝以上するのは決して簡単ではありません。それでもシーズンを通して先発ローテーションを守り、6イニング以上3自責点以内のクオリティスタート（QS）を重ねていけば、自ずと勝ち星は付いてくると思います。

20勝&ホームラン40本

2022年の夏、米国のテレビ局はヤンキースの主砲アーロン・ジャッジとMVPを争う大谷さんの活躍の根拠となる成績として「10勝&ホームラン30本」を取り上げていました。最終的には自己最多の15勝、34ホームランをマークし、テレビ局の予想を上回る前人未到の「15勝&ホームラン30本」を達成し、投打ともに球界を代表する超一流プレーヤーであることを改めて証明したのです。

そして2023年はそれ以上の成績も期待できそうです。なぜなら、2022年途中から監督代行として指揮を執っていたフィル・ネビン監督が、2023年シーズンでは大谷さんの登板間隔を開幕当初から中5日にする方針を明らかにしたからです。2022年は前半戦が主に中6日、後半戦が中5日で登板していましたが、同監督は「できる限り投げてほしい」とフル回転を期待。移動日などの兼ね合いで他の投手の先発予定日と重なった場合には、大谷さんの登板を優先させるようです。それは何を意味するかと言うと、エースとしての大きな期待の表れだと思います。

エースとはチームを引っ張り、また強くすることができる絶大な存在です。エースが投げればチームは勝ち、他の投手が登板する試合にも影響を与えます。つまり、チームが勝つためにはエースにフル回転してもらう必要があり、優勝、またはプレーオフ進出への絶対条件とも言えます。2022年は28試合に先発登板し、初の規定投球回となる166イニングを投げました。２０２３年はシーズンを通して中５日で投げれば、30試合以上の先発登板も可能です。健康体で投げ続けることができれば、勝ち星の上積みが期待できそうです。

２０２２年の15勝以上、さらには20勝も期待したいところですが、ＭＬＢでは先発投手の登板機会の減少や球数制限により、20勝投手が年々減少。２０１７年以降に限れば、ア・リーグで４人、ナ・リーグでは２人しか20勝以上した投手がいませんから、極めて難易度の高い数字ではあります。一方、打者としての大谷さんは、ここ２年のアベレージで40本前後は期待できる長距離打者です。「20勝＆ホームラン40本」という夢の大台にどこまで近づくか。予想だにしないパフォーマンスを見せてきた大谷さんであれば、２０２３年に一気に達成してしまっても、おかしくはないでしょう。

ホームラン40本＆２５０奪三振

実は、２０２２年に成し遂げた偉業はまだあります。「ホームラン30本＆２００奪三振」です。

大谷さんにとって、200奪三振は日米を通じて自身初の大台で、日本選手では野茂英雄、松坂大輔、ダルビッシュ有に続いて4人目の快挙です。「大きい数字だと思う。奪三振能力は一つの強み」と大谷さん自身も語っています。

MLB公式サイトは2022年に達成された節目のトップ記録を特集し、大谷さんが投打二刀流で達成したホームラン30本、200奪三振が入りました。記事では「彼は今季ホームラン34本を放ち、投手として自己最多の219奪三振をマークした」と紹介しています。これまで年間30本以上ホームランを放った選手の最多奪三振記録は、2021年に大谷さん自身が記録した156奪三振。それ以前はベーブ・ルースが1930年に記録したわずか3奪三振でした。ルース以来とよく言われていますが、実はもはや軽々とルース超え。ホームランと奪三振の記録に関して言えば、比較になりません。

一方、年間200三振以上を奪った投手の最多ホームラン記録はと言えば、1890年と1891年のジャック・スティベッツ（ブラウンズ）、1965年のドン・ドライスデール（ドジャース）、1966年のアール・ウイルソン（レッドソックス）の各7本です。両方の成績を見ても、いかに大谷さんが抜きん出た存在であるかがよくわかります。

大谷さんは多くのホームランを打ち、なおかつ多くの三振を奪える、すなわちMLBを代表するパワーヒッターであり、パワーピッチャーでもあります。ルースは誰よりも遠くへ打球を飛ばす長距離打者でしたが、大谷さんのように多くの三振を奪う剛速球投手ではありませんでした。米国人はパワフルな打撃やピッチングを好み、いつの時代も豪快なホームランや投手の奪三振に熱狂してきました。だからこそ、MLB公式サイトがホームランと奪三振を組み合わせた大谷さんの記録に注目するのです。

2023年シーズン、開幕から中5日で順当に先発ローテーションを回っていけば、2022年の28試合より多い30試合程度の先発登板が見込まれます。また、2022年の166イニングより多い180イニングぐらいが可能になります。もし2022年ア・リーグ1位となった9イニング当たりの奪三振率11・87というペースで行くと、237三振を奪える計算になります。だとすれば、ホームラン30本&200奪三振どころか、さらに上の「ホームラン40本&250奪三振」も狙えるかもしれません。ただのパワフルではない、まさに超人的なプレーヤーです。

100マイル超の剛速球

パワーピッチャーの魅力と言えば、なんと言っても剛速球です。彼らは時速100マイル（約161キロ）級の速球を「打てるもんなら打ってみろ！」と言わんばかりに投げ込んできます。それが本場アメリカのベースボールの本質であり、迫力満点、力と力のぶつかり合いが名勝負を生みます。

いまやメジャーを代表する剛腕投手の大谷さんも最大の武器は100マイル前後の速球です。2022年9月10日のアストロズ戦では5番カイル・タッカーに対し、メジャー移籍後では自己最速となる101・4マイル（約163・2キロ）をマーク。7月22日ブレーブス戦の101・2マイル（約162・9キロ）を超えました。2023年のWBCイタリア戦では自己最速の102マイル（約164・2キロ）を記録しています。

MLB史上最高の速球投手として、まず名前が出てくるのはノーラン・ライアンでしょう。自慢の剛速球を武器に史上最多の7度もノーヒットノーランを達成。通算5714奪三振は歴代1位の大記録です。1974年当時、エンゼルスでまだスピードガンがなかった時代に本拠地アナハイムの試合で科学者4人が立ち会いのもと、赤外線レーダー装置を設置してレーザー光線で球速を測ったところ、時速100・9マイル（約162・3キロ）をマークし、人類で初めて100マイルの壁を突破しました。

現在、MLB記録は左腕アロルディス・チャプマン（ロイヤルズ）の105・8マイル（約170・3キロ）です。2009年にキューバから亡命した「ザ・ミサイル」の異名を取る剛腕クローザーは、レッズに所属していた2010年9月24日、デビュー1年目のパドレス戦で人類最速の速球をマークしました。当時はまだMLB全体で7人しか100マイル以上を出す投手がいませんでしたが、トレーニング方法や動作解析の進歩などによって球速や球質が年々アップ。2015年にデータ解析システム「スタットキャスト」が導入されたとき、速球の平均時速は93・1マイル（約149・8キロ）でしたが、2022年は93・9マイル（約151キロ）まで上がりました。それによって、2022年は実に164人もの投手が100マイル以上をマークし、その数は合計3356球にも上りました。いまや、100マイルが当たり前の時代になって来たのです。

プロだけでなく、アマチュア球界でも驚異的な記録が生まれました。2022年、テネシー大のベン・ジョイスが105・5マイル（約169・8キロ）を計測。5月1日のオーバーン大戦に救援登板し記録したもので、米大学野球史上最速記録を樹立しました。驚異の剛腕はたちまち脚光を浴び、7月のドラフトでエンゼルスに3巡目指名で入団。将来、メジャーに昇格したら大谷さんとチームメイトになる可能性もあり、100マイル投手同士の剛腕リレーが見られるか楽しみです。その大谷さんもまだまだ進化を遂げるはずですから、チャプマンのMLB記録更新も夢ではありません。さらなる高みへの挑戦に期待したいと思います。

500フィート級の超特大ホームラン

パワーピッチャーが剛速球なら、パワーヒッターの魅力と言えば、豪快なホームランです。世界を代表するスラッガーたちの力感あふれるスイングが見られるのは、MLB観戦の醍醐味の1つです。大谷さんもまさにそういうタイプの典型的なスラッガーと言えます。フルスイングの空振りですら、スタジアムからどよめきが沸き起こるほどです。

大谷さんは過去、MLBで数多くの特大ホームランを打ってきました。エンゼルスに入団した5年間で最長飛距離の1発は2021年6月8日、本拠地アナハイムのロイヤルズ戦で放った特大弾です。先発左腕クリス・バビクに対し、初回無死一塁の場面で甘いチェンジアップを捉えた打球は右中間スタンドへ大きなアーチをかけて飛んでいきました。メジャー自己最長となる飛距離470フィート（約143メートル）の特大ホームラン。エンゼルスに指導者として長年在籍してきたジョー・マドン前監督も「あそこまで飛んだのは見たことがない」と目を丸くした1発でした。

ちなみにMLB史上最長飛距離のホームランは史上最強のスイッチヒッター、通算536本塁打を誇るミッキー・マントル（ヤンキース）が打っています。1953年4月17日、首都ワシントンのグリフィススタジアムで行われたセネタース戦。5回2死一塁の場面で右打席から左中間スタンドを越える超特大の場外ホームラン。ヤンキースの広報担当レッド・パターソンがすぐさま球場を飛び出し、ボールを拾った少年に落下地点を聞いて巻尺で測ったところ、なんと飛距離565フィート（約172メートル）。これが正確に測定した史上最長ホームランであり、のちに「テープメジャーショット」として語り継がれています。

不滅の大記録と言われた通算ホームラン714本を放ったベーブ・ルースも、幾つもの特大ホームランを打っています。最も有名なのは、1919年4月4日にフロリダ州タンパのプラントフィールドで行われたジャイアンツとのオープン戦で打った1発です。飛距離587フィート（約179メートル）の超特大弾に本人も「自分が打った中で最も大きな当たりだった」と述懐。球場の跡地にも「ここでルースが自己最長ホームランを打った」という銘板が掲げてあります。しかし、歴史家によると実際は552フィート（約168メートル）だったとか。いずれにしても、伝説に残る1発だったことに疑う余地はありません。

2015年以降は「スタットキャスト」によって正確な飛距離が出るようになりました。その中で、2019年6月21日に当時レンジャーズのノマー・マザラが飛距離505フィート（約153・9メートル）の最長ホームランを記録。それに次いで2016年、当時マーリンズに在籍していたジャンカルロ・スタントン（ヤンキース）、2022年ロッキーズのCJ・クロンが504フィート（約153・6メートル）の特大弾を打ちました。

ホームランと言えば2021年、コロラド州デンバーのクアーズフィールドで行われたオールスター戦前日に行われる前夜祭の「ホームランダービー」に大谷さんが日本人では初めて出場しました。残念ながら第1ラウンドで敗れはしましたが、500フィート（約152メートル）以上のホームランを6発も放ち、最長513フィート（約156メートル）を記録しました。標高1600メートルの高地に球場があり、平地に比べて打球は10％ほど伸びると言われますが、それでも度肝を抜かれるような大きなアーチでした。

MLBでパワーピッチャーの目標が時速100マイルだとすれば、パワーヒッターの目標は飛距離500フィート以上の超特大ホームランです。おそらく地球上で時速100マイル以上のボールを投げ、さらに飛距離500フィート以上のホームランを打てる選手は大谷さんしかいません。投打で「100&500」の大記録。まさに唯一無二のプレーヤーです。

「30-30」クラブ

MLBでは1シーズンにホームラン30本以上を放ち、30個以上の盗塁をして、「30－30」クラブに入ることがパワーとスピードを兼ね備えたエリートの勲章になっています。

大谷さんは２０２１年に自己最多のホームラン46本を放ち、26盗塁をマーク。あともう少しで日本人初の「30－30」を達成するところでした。２０２２年は34本のホームランで大台をクリアしたものの11盗塁止まり。特にシーズン後半戦はわずか１盗塁しかしませんでした。

往年の大スター、ミッキー・マントルは１９５１年からヤンキース一筋18年間で通算ホームラン５３６本をマーク。足も速く、球界関係者によると「彼なら間違いなく40－40も達成できた」と言います。30－30を上回るホームラン40本以上、40盗塁以上という意味です。しかし、実際には１９５９年に自己最多の21盗塁しかできませんでした。なぜなら、当時のケーシー・ステンゲル監督は大事なスター選手に危険なスライディングなどで怪我させたくなかったからです。あの時代のヤンキースはホームランで大量得点を取るチームだったので、あまり無理して選手を走らせませんでした。そう考えると２０２２年、フィル・ネビン監督代行も大谷さんに投打でフルシーズン、プレーすることを最優先にしたのかもしれません。また成功した11盗塁に対し９つも盗塁失敗があったことを考慮した上で、無理させなかったのかもしれません。

ＭＬＢは時代と共に攻撃のスタイルが変わり、１９６０年代後半から流行した円型スタジアムや人工芝によって、従来のパワーだけでなくスピードも重んじられるようになりました。その結果、当時ジャイアンツのボビー・ボンズが通算5度もホームラン30本、30盗塁以上を記録するなど「30－30」を達成する選手が増加。１９８８年には当時アスレチックスのホセ・カンセコがホームラン42本、40盗塁を記録し、史上初の「40－40」を達成しました。ちなみに、ＭＬＢ公式サイトは、「40－40」が狙える選手として、ＭＬＢ10選手のうちの1人に大谷さんをリストアップしています。カンセコのほかに過去に達成した選手は、ＭＬＢ歴代1位のホームラン７６２本をマークしたバリー・ボンズ、ホームラン王5度、ＭＶＰ3度を誇る「Ａ・ロッド」ことアレックス・ロドリゲス、ドミニカ共和国にある広島カープ・アカデミー出身のアルフォンソ・ソリアーノのわずか４人。名だたる名選手に次いで、大谷さんには史上5人目の偉業に期待したいところです。

ただ、１９９０年代以降から野球専用球場への回帰によって外野が狭くなり、ホームランが増え始めます。さらに筋肉増強剤（ステロイド）の使用や、最近ではフライボール革命により再びホームラン時代が到来。スピードを生かした野球が徐々に軽視され、盗塁が減る傾向になりました。こうした状況を踏まえ、2023年シーズンからMLBは守備位置を大幅に変える極端なシフト規制やピッチクロック（1球ごとの投球時間制限）、ベースの大型化と3つの新ルールを導入。MLBのコミッショナー、ロブ・マンフレッドは「新ルールは試合時間短縮を進め、動きを増やし、怪我を減らすためのもの」と話しており、盗塁の重要性が見直されるようになりました。

野球の変化を狙うルール変更が、大谷さんのプレーにはどのような影響を及ぼすでしょうか。MLBトップレベルのパワーとスピードがある大谷さんであれば「30－30」や「40－40」も十分可能です。筋肉質でパワーも兼ね備えながら、スタイル抜群でスピーディーな大谷さん。塁を盗むだけでなく、お茶の間の女性ファンのハートも盗んでしまうかもしれません。

「50－20」

さて、今の大谷さんなら「30－30」でなく、どちらかと言うと「50－20」の方が達成の可能性がありそうな気もします。文字通り、1シーズンにホームラン50本以上、20盗塁以上の記録です。口で言うのは簡単ですが、2022年までMLBで「30－30」を達成したのは過去43人いて、通算5度のボビー・ボンズ、バリー・ボンズ親子ら複数年達成した選手を含めると延べ64人もいます。それに対し、「50－20」は、ジャイアンツなどで活躍したウィリー・メイズ、オリオールズなどで活躍したブレディ・アンダーソン、マリナーズ時代に3年連続ホームラン王に輝いたケン・グリフィーJr.、レンジャーズ、ヤンキースなどで活躍したアレックス・ロドリゲスのたった4人だけ。その名前を聞いただけでビックリするようなスーパースターたちです。

MLB史上最高の万能外野手と評されていたメイズは「野球をやるために生まれて来た男」と言われ、打つ、走る、守る、とすべてに秀で、歴代6位の通算ホームラン660本をマーク。1955年にMLB史上初となる「50－20」を達成しました。MLB史上初の現役親子選手で知られるグリフィーJr.は、あのイチローも憧れたヒーローで、歴代7位の通算ホームラン630本をマーク。1998年、マリナーズ時代に56本、20盗塁をマークしました。

1990年代後半にマリナーズでグリフィーとチームメイトだった「A・ロッド」こと

アレックス・ロドリゲスは歴代5位の通算ホームラン696本をマーク。自らのキャリアを薬物問題で傷付けた苦い経験もありますが、2007年ヤンキース時代に54本、24盗塁で記録を達成しました。

意外なのはアンダーソンでした。1991年からオリオールズの1番打者として活躍し、1992年にア・リーグ史上初の「ホームラン20本&50盗塁」をマーク。そして1996年に突如パワーアップし、前年の16本のホームランから一気に50本の大台に到達。なんと、「20－50」と「50－20」を達成した唯一の選手となりました。

思えば、大谷さんは2021年に史上初の「50－30」達成なるか、と話題になりました。同年はホームラン数がシーズン前半戦の33本から後半には13本と落ちる一方で、盗塁数は前半戦の12から後半戦では14と加速。最終的に46本、26盗塁となり、もう少しで偉業達成に手が届くところでした。ちなみに、シーズンでホームラン45本、20盗塁、6三塁打以上は、前述のメイズ以来66年ぶりの記録でした。将来的にはMLB史上5人目の「50－20」どころか、前人未到の「50－30」も夢ではありません。しかも、投打の二刀流選手として達成でもしようものなら、それこそ超エリートどころではない大きな勲章になります。

シーズンでホームラン50本

日本のプロ野球と同様、ＭＬＢでもスラッガーの基準はシーズンでのホームラン30本であり、超スラッガーになると40本、さらにその上が50本となります。ＭＬＢでは過去に30人の選手がシーズン50本以上を記録しています。

２０２１年、大谷さんはア・リーグでウラディーミル・ゲレロJr.（ブルージェイズ）、サルバドール・ペレス（ロイヤルズ）に次ぐ３位のホームラン46本をマーク。特に、前半戦は球団新記録となる33本とホームランを量産。１９２７年に前人未到の60本を放ったベーブ・ルース超えすら見えていました。しかし、後半戦に入って失速し、残念ながら50本の大台には届きませんでした。２０２２年はアーロン・ジャッジ（ヤンキース）にホームラン62本と独走を許し、リーグ４位の34本で終了。歴史的なシーズンを送った２０２１年に比べると、多少の物足りなさは否めませんでした。

原因のひとつには「飛ばないボール」の影響もあったと思います。打高投低だったＭＬＢでは２０２１年シーズンから投打のバランスを是正するために飛ばないボールを採用。

特に2022年は新仕様となったボールが開幕から全球使われるようになり、それに加えて一部の球場だけでなく全30球場にボールを保管する湿度管理室が設置されました。その結果、2019年に記録したMLB史上最多のホームラン6776本に比べて、2022年は5215本と激減。1試合あたりのホームラン数も前年の2・45本から2・14本と大幅に減少し、2015年以来の低水準となりました。大谷さんも「去年よりは飛ばないという印象はあるかなと思います」と言及しています。

1990~2000年代のステロイド（筋肉増強剤）時代には、1998年にマーク・マグワイア（カージナルス）が70本、サミー・ソーサ（カブス）が66本と世紀のホームラン王レースを展開。2001年にはバリー・ボンズ（ジャイアンツ）が新記録のホームラン73本を放つなど、50本どころか60本以上の記録が次々に生まれました。その後、2004年からMLBで禁止薬物規定を厳格化すると、常識を超える60本、70本というホームラン数は出なくなりましたが、それでも2017年に当時マーリンズのジャンカルロ・スタントン（ヤンキース）が59本、2019年にメッツのピート・アロンソが新人最多記録の53本、そして2022年ジャッジが「飛ばないボール」にもかかわらず、ア・リーグ記録の61本を保持していたロジャー・マリスを超える62本を記録しました。

大谷さんのようにMLBでもトップクラスのパワーがあれば、たとえ飛ばないボールでも関係なく遠くに飛ばせると思います。2021年のように前半戦だけで30本以上という驚異的なペースでホームランを量産すれば、50本の大台も決して夢ではないでしょう。

クインティプル10

二刀流の大谷さんにしかできない記録は、まだまだあります。それはMLB史上初の2桁勝利&2桁二塁打、2桁三塁打、2桁ホームラン、2桁盗塁の投打混合5部門での2桁記録「クインティプル10」の達成です。

2022年の大谷さんの投打の成績を見ると、15勝、30二塁打、6三塁打、ホームラン34本、11盗塁をマークしています。つまり、もし10三塁打に達していたら、史上初の記録「クインティプル10」を打ち立てていたことになります。これはMLB史上初めて2桁勝利&2桁ホームランを達成したベーブ・ルースも、ニグロリーグで2桁勝利&2桁ホームランを記録したブレット・ローガン、エド・ライルも成し遂げたことがない偉業です。

ただし、実は達成には高いハードルが待ち受けています。野球の試合で最もスリリングなプレーとも言える三塁打ですが、最近はホームランが増える一方で三塁打が減少傾向にあります。何故なら、昔の球場なら三塁打になったはずの打球が、現在は球場の外野が狭いため二塁打かホームランになってしまうからです。実際に2007年、当時タイガースに在籍していたカーティス・グランダーソンが23三塁打、フィリーズのジミー・ロリンズが20三塁打を放ったのを最後に1シーズン20三塁打以上を放った選手は1人もいません。近年は両リーグとも一番多い選手で10三塁打に届くぐらい。2020年以降は1人も10三塁打以上の選手は出ていません。

しかし、大谷さんは抜群のパワーとスピードの持ち主です。MLBの選手全体の平均秒速は27フィート（約8・2メートル）ですが、大谷さんは超一流とされる30フィート（約9・1メートル）を記録しています。そのスピードを最大限に生かすことで、他の選手なら二塁打のところを三塁打に、またレフト方向の打球でも三塁打にすることもできます。2021年シーズンはア・リーグ最多の8三塁打をマーク。翌年も同4位タイの6三塁打を放ちました。特に、2021年8月10日にブルージェイズとのダブルヘッダー第2試合で初回に右翼線への打球で快足を飛ばして三塁打としたときは、なんと打ってから三塁までわずか10秒台で到達。米国人記者も「ショウヘイは速すぎる！」と舌を巻くほどでした。

大谷さんほどのスピードがあれば、2桁三塁打も十分狙えると思います。2桁勝利&2桁二塁打、2桁三塁打、2桁ホームラン、2桁盗塁を達成し、バランスが取れた素晴らしい成績を残した選手に贈られる称号「ミスター・コンシステンシー」を大谷さんが得られるのか。MLB史上初となる投打混合5部門での「クインティプル10」にも期待したいと思います。

2桁勝利&打率3割、ホームラン30本、100打点

前述したように、今年2023年からMLBは3つの新ルールを導入しています。それによって野球がどう変わるかも注目していきたいと思いますが、その中で最も興味深いのは「極端な守備シフトの制限」です。

1946年に当時のインディアンスのルー・ブードロー監督兼遊撃手がレッドソックス戦で、最後の4割打者として有名な左バッター、テッド・ウイリアムズに対し、野手の守

備位置を極端に右側に移動した守備シフト、いわゆる「ブードローシフト」を採用。さすがに史上最高のバッターと言われるウイリアムズも面食らったようで、このブードローの画期的なシフトをきっかけに他球団も追随するようになりました。

現在は各球団ともデータで相手打者の打球方向を分析し、そのデータに基づいて極端な守備シフトをとる時代となりました。さらに投手のレベルも向上したことでバッターの打率がどんどん低下し、1990年代後半から2000年にかけてMLB全体の平均打率は2割7分前後だったのが、2022年は同2割4分3厘まで下がりました。これは「ピッチャーの年」と言われた1968年（打率2割3分7厘）以来、最も低い数字でした。

そこで投打のバランスを考えたMLBは、2023年から極端な守備シフトを禁止。内野手4人は外野の芝エリアまで後退してはならず、内野では二塁ベースを挟んで左右2人ずつになるよう規定されました。例えば、2022年まで大谷さんが左打席に入ると、二塁ベースと一塁ベースの間、つまり右側に3人の内野手が守り、そのうち1人は一、二塁間のはるか後方、外野の芝エリアまで深く守るシフトが多く見られました。左方向は遊撃手の定位置付近に1人だけ守り、三塁ベース付近はがら空き。2022年、大谷さんがシフトを敷かれた割合は、メジャー全体28位の88・3％でしたが、シフトで失ったヒット数は一番多かったと言われています。

しかし、2023年から極端な守備シフトがなくなったことにより、初の打率3割を期待する声も多く聞かれるようになりました。逆に大谷さんが最も守備シフト規制の恩恵を受けると言われているからです。2021年、大谷さんは打率2割5分7厘でしたが、2022年は同2割7分3厘にアップ。特にオールスター以降の後半戦は、ライト方向へ引っ張るだけでなく、レフト方向へのヒットも増え、打率は2割9分3厘とさらにアップ。自己最長の18試合連続安打も記録しました。

2023年シーズン以降は、守備シフト規制の相乗効果も期待できることから、一流バッターの証でもある3割という数字が見えてくるでしょう。そうなると史上初の「2桁勝利、打率3割、ホームラン30本、100打点」という記録も期待できます。過去にベーブ・ルース、ニグロリーグのブレット・ローガンやエド・ライルも2桁勝利を挙げたときに打率3割は残しましたが、ホームラン30本や100打点までの数字には届きませんでした。

大谷さんの場合、超一流の勲章でもある「打率3割、ホームラン30本、30盗塁」トリプルスリーに加え、さらに「2桁勝利」という可能性もあります。
「なんだ、この記録は」と、もはや価値がつけられないくらい、ものすごい大記録です。

投打のダブルタイトル

2022年の大谷さんは、真の二刀流にふさわしい究極の頂点として、「2桁勝利&2桁ホームラン」や投球回と打席のダブル規定到達を達成し、大きな話題になりました。そこで2023年はさらにハードルを上げて、投手でも打者でも同一年にタイトルに輝くという、これまたMLBでは前人未到のダブルタイトルに注目したいと思います。

大谷さんはMLB移籍後、勝利数やホームランなどの投打各主要3部門に限れば、実はまだ投打ともタイトルを獲得したことがありません。それでも、2022年は投手の主要3部門でア・リーグ4位タイの15勝、同4位の防御率2・33、同3位の219奪三振。一方、打撃3部門でも同4位のホームラン34本、同7位の95打点をマーク。投打あわせて5部門で上位に食い込む素晴らしい成績を収めました。

前述したように、2023年はフィル・ネビン監督が投手として週に1度の割合の中6

日でなく、中5日で先発ローテーションを回す構想を描いています。そのペースで登板が続けば、2022年の先発数28試合より多くなり、勝ち星の上積みも狙えます。2022年リーグ1位だったジャスティン・バーランダー（当時アストロズ、2023年メッツに移籍）の18勝とは3勝差だったので、最多勝の可能性も出てきます。

ちなみに、球界を代表するベテラン右腕のバーランダーは大谷さんと同じ28試合の先発登板でしたが、そのうち21試合がクオリティスタート（QS）で1イニング当たりの球数はわずか14・90。大谷さんもQSが16試合、1イニング当たり15・84球と素晴らしい投球内容でしたが、より長いイニングを投げ、安定したピッチングで勝ち星を積み重ねるには、さらに球数を抑える必要があるかもしれません。

また、バーランダーはア・リーグ断トツの防御率1・75で投手部門の2冠に輝きましたが、2023年からはナ・リーグのメッツに移籍。逆にメッツから、サイ・ヤング賞を2度獲得した剛腕ジェイコブ・デグロムが、同じア・リーグ西地区のレンジャーズに移籍してきました。

MLB屈指の剛腕デグロムは2018年にナ・リーグ1位の防御率1・70を残し、20

２１年は規定投球回未満ながら、驚異の防御率1・08をマーク。そのデグロムが再び防御率1点台の成績を収めるなどハイレベルな争いになったとしても、大谷さんなら防御率1位も視野に入ります。中5日の先発なら投球回数も増えることが予想されます。２０２２年はリーグトップの奪三振率11・87で２００個の大台を突破。防御率1位を含め、２０１９、２０２０年と2年連続でナ・リーグ奪三振王にも輝いたデグロムは新たな強敵になりそうですが、たとえ大谷さんが他の先発投手に比べて少ない投球回数であったとしても、驚異の奪三振率でタイトル争いに加わる可能性は十分あります。

ちなみに、元祖二刀流のベーブ・ルースはレッドソックス時代の１９１６年に防御率1位、１９１８年にホームラン王、１９１９年にホームランと打点の2冠王となりましたが、同一シーズンに投打でタイトルに輝いたことはありません。だからこそ大谷さんには、またたルース超えとなる二刀流でのダブルタイトルを狙って欲しいですね。

夢のホームラン王

打者・大谷さんには、２０２３年こそ日本人選手初のホームラン王に期待したいところです。日米の野球を比較して最大の違いはパワーの差です。昔は、大きな体格に恵まれた欧米人に比べて、小柄な日本人はどんなに努力してもそこは敵いませんでした。私個人的には、ましてやMLBで日本人がホームラン王のタイトルを獲るなんて、夢のまた夢ぐらいに思っていたのです。

実際に、巨人の4番打者としてセ・リーグのホームラン王に3度輝き、2002年に日本プロ野球史上8人目のホームラン50本をマークした「ゴジラ」こと松井秀喜でさえ、MLBでは自己最多が2004年シーズンの31本でした。日本の10年間で通算ホームラン332本を放ち、2003年に名門ヤンキースに入団した日本が誇る左のスラッガーでも遠かったMLBホームラン王のタイトル。この先、日本人でホームラン王になれる選手は出て来ないだろうと思っていました。

ところが2021年シーズンに大谷さんが驚異的なペースでホームランを量産し、7月7日時点で早くも松井秀喜を超える日本人選手最多の32号をマーク。前半戦までで33本を放ち、ホームラン数でリーグトップを独走しました。9月中旬にブルージェイズのウラディーミル・ゲレロJr.、ロイヤルズのサルバドール・ペレスに抜かれ、惜しくも日本人初のホームラン王のタイトル獲得を逃しましたが、両選手にわずか2本差の46本と大健闘。日本人でもパワー勝負でホームラン王になれるという夢が大きく近づきました。

カギとなるのは、どれだけ後半戦にホームランの量産ペースを維持できるかでしょう。2022年の例を見ても、ヤンキースの主砲ジャッジは前半戦33本で後半戦も29本とコンスタントに本数を積み上げました。他選手との比較では、大谷さんの同僚でエンゼルスの主砲マイク・トラウトはホームラン数2位ですが、前半戦24本で後半戦16本。3位のヨーダン・アルバレス（アストロズ）も前半戦26本で後半戦11本と軒並みペースダウンしました。一方で、4位の大谷さんは前半戦19本で後半戦も15本と健闘。予想ではありますが、前半戦に25本前後、さらに後半戦でペースを保ち、最後のラストスパートを掛けられるかが、タイトル獲得のキーポイントになりそうです。

とにかく、自分が生きているうちにMLBで日本人ホームラン王の誕生を見たい！　ただただ、そう願うばかりです。

投打二刀流でサイ・ヤング賞＆ＭＶＰ

投打でダブルタイトルの獲得となれば、見えてくるのは「サイ・ヤング賞とＭＶＰ」のダブル受賞です。

１９５６年、投手にとって最高の栄誉であるサイ・ヤング賞が制定されました。以来、同じ年にサイ・ヤング賞とＭＶＰを同時受賞した投手は11人います。古くはサイ・ヤング賞の初代受賞者で、ＭＶＰと合わせていきなりダブル受賞となったドン・ニューカムです。１９４９年にＭＬＢ史上初の黒人投手としてドジャースでデビューし、１９６２年には中日に強打を買われて外野手として入団。日本にも縁がある選手でした。最近では２０１１年、当時タイガースに在籍していたジャスティン・バーランダー（メッツ）、２０１４年のクレイトン・カーショー（ドジャース）です。投手にはサイ・ヤング賞があるため、ＭＶＰは野手に贈られることが多く、１９９３年以降投手でのダブル受賞はこの２人しかいません。

過去に日本人投手では１９９５年、ドジャースの野茂英雄が新人王と奪三振王に輝きましたが、サイ・ヤング賞の投票では4位。翌年も同じく4位でした。続いて2008年、当時レッドソックスの松坂大輔も日本人最多の18勝を挙げて4位に入りました。その後は2013年、当時レンジャーズのダルビッシュ有が奪三振王に輝き、日本人最高の2位、2020年カブス時代も日本人初の最多勝で2位となりました。

また、2013年のサイ・ヤング賞はア・リーグでダルビッシュ有と、当時マリナーズに在籍していた岩隈久志が得票2位と3位でフィニッシュ。2020年はナ・リーグでダルビッシュ有、ア・リーグでツインズ前田健太がいずれも2位でした。快挙に度々近づきながら、日本人でサイ・ヤング賞に輝いた投手はまだいません。

野手では2001年、当時マリナーズのイチローが入団1年目にいきなり首位打者と盗塁王に輝き、MLBタイ記録となるシーズン116勝をマークして地区優勝したチームの快進撃に大きく貢献。1975年のフレッド・リン（レッドソックス）に次いで史上2人目の新人王とMVPをダブル受賞しました。

2021年シーズン、大谷さんは日本人初の満票でMVPを受賞。2022年はアーロン・ジャッジ（ヤンキース）に次ぐMVP投票2位でしたが、サイ・ヤング賞投票も4位と健闘しました。初のサイ・ヤング賞とＭＶＰを同時受賞する可能性も大いにあるわけです。これまた、投打の二刀流では史上初のダブル受賞なるか、期待せずにはいられません。

全30球団から勝利投手＆ホームラン

２０２３年からＭＬＢは両リーグの交流戦、いわゆる「インターリーグ」で各チームが同一シーズン中に全球団と対戦することになりました。それによって、今後は両リーグの球団で活躍している選手だけでなく、１つのリーグしか在籍したことがない選手も全球団から勝利投手、またはホームランという記録を作れる可能性が出て来ました。

２０１２年、当時メッツのアル・ライターが史上初めて全30球団から勝利を記録。それ以来、２０２２年終了時点で全30球団から勝ち星を挙げた投手は20人を数えます。日本人ではドジャースなどで活躍した野茂英雄、黒田博樹両投手が29球団から勝利。惜しくも全30球団からの勝利にはあと一歩届きませんでした。現役ではパドレスのダルビッシュ有が28球団から勝利を挙げており、オリオールズと古巣レンジャーズに勝てば、日本人初の「30球団制覇」の偉業達成となります。

今後もし全30球団から白星を挙げ、なおかつ全球団からホームランを打つ選手が現れるとしたら、それは世界広しといえども大谷さんしかいません。エンゼルスから他球団に移籍した場合、という条件付きではありますが。

2018年にMLB移籍後、大谷さんは最初の5年間で19球団中14球団から勝利。エンゼルスを除く残りの10球団とはまだ対戦がありませんが、これから毎年、全球団と対戦していくとなれば、「全球団制覇」のチャンスは十分あります。

一方、打者で全30球団からホームランを打った選手は数多くいますが、まだ日本人選手では1人もいません。最も多いのはイチローが24球団で、次いで松井秀喜が23球団です。2022年終了時点で大谷さんは27球団中19球団からホームランを打っており、あとはナ・リーグの8球団と、まだ対戦がないカブスとブルワーズだけです。

ちなみに元祖二刀流のベーブ・ルースが活躍していた時代は、両リーグで合計16球団しかなく、もちろん交流戦もありませんでした。また、ルースはア・リーグのレッドソックスとヤンキースで現役生活の大半を過ごしたため、全球団から勝利投手とホームランは達成できませんでした。仮に達成していたとしても、当時の16球団より現在の30球団を制覇した方が、その数字が示す通り、倍ぐらいの価値があると言っていいでしょう。

もし大谷さんが他球団、特にナ・リーグのチームに移籍したと仮定した場合、前人未到の「全30球団から勝利投手&ホームラン」という、とんでもない記録が生まれるかもしれません。

全30球場で勝利投手&ホームラン

大谷さんにしかできない、記録達成への期待はさらに続きます。

今度は対象が対戦チームではなく場所。「全30球場で勝利投手&ホームラン」です。2022年のシーズン終了時点で大谷さんは本拠地エンゼルスタジアムをはじめ、14球場で先発登板し、そのうち10球場で勝利投手になっています。一度も投げてない球場は16もあり、全30球場での勝利投手は長い道のりとなりそうですが、今年だけで初めて投げる可能性のある球場が10もあります。なかでもニューヨーク・メッツの本拠地シティフィールドには初見参となり、ソフトバンクからメッツに移籍した千賀滉大と投げ合う可能性もあります。また、サンディエゴ・パドレスの本拠地ペトコパークでダルビッシュ有と投げ合う可能性もあり、日本人同士の初対決も楽しみです。

一方、打者としてホームランを打った球場は19あり、ホームランを打っていない球場は9つ。すでにボストンのフェンウェイパークでは、レフト後方にそびえ立つ高さ約11・3メートルの巨大なフェンス「グリーンモンスター」越えのホームランや、ニューヨークのヤンキースタジアムで、「ルースビル（ベーブ・ルースの村）」と呼ばれたライトスタンドへの豪快な1発をマークしています。さらにボルティモアのオリオールパーク（アットカムデンヤーズ）では、まるでルースの弾道のように高々と打ち上げた先頭打者アーチなどが強く印象に残っています。

今後は、ダイヤモンドバックスの本拠地チェイスフィールドの名物、右中間スタンドの一角にあるスイミングプールに飛び込む「プールショット」、カブスの本拠地リグレーフィールドではルースの「予告ホームラン」を彷彿とさせるような超特大ホームラン、ロッキーズの本拠地クアーズフィールドでは500フィート超えの超特大弾、ジャイアンツの本拠地オラクルパークでは右翼スタンド場外のサンフランシスコ湾（通称マッコビー湾）に飛び込む「スプラッシュヒット」にも期待したいですね。

ちなみに、MLB史上最も多くの球場でホームランを打ったのは、かつて日本でも人気を集め、カブスなどで活躍したサミー・ソーサの45球場です。1989～2007年に彼が現役だった頃はちょうど新球場の建設ラッシュにあたり、全米各地に新しい球場が次々とオープン。それによって、新旧さまざまな球場でホームランを打ちました。

大谷さんも全30球団のスタジアムだけでなく、いつの日か米中西部アイオワ州の「フィールド・オブ・ドリームス」での試合や、日本凱旋《がいせん》での開幕戦、あるいは英国ロンドンで行われる公式戦などに出場する機会があれば、勝利やホームランを記録する球場もさらに増える可能性もあります。

マイク・トラウトとのアベック弾

これまで大谷さんの個人的な記録やタイトルについて紹介して来ましたが、現役最高選手の呼び声が高く、大谷さんと最強コンビを組む「トラ兄《にい》」ことマイク・トラウトとの共演も忘れてはいけません。

トラウトと大谷さんのアベック弾、通称「トラウタニ弾」への期待を語る前に、MLB

の歴史を紐解くと、史上最強のコンビと言われていたのが、通算ホームラン714本を放ったルースと、2130試合連続出場を達成した〝鉄人〟ルー・ゲーリッグです。1920〜1930年代ヤンキースの黄金期に史上最強の3、4番コンビを組み、1927年にルースが60本、ゲーリッグが47本のホームランを放った当時の強力打線は相手チームに「マーダラーズロー（殺人打線）」と恐れられました。両選手は、通算73度も同一試合でのホームラン、いわゆるアベック弾を放ちました。

その後、1950〜1970年代にブレーブスのハンク・アーロン、エディ・マシューズが史上最多となる通算75度、同じ時代にジャイアンツのウイリー・メイズ、ウイリー・マッコビーも史上3位となる通算68度のアベック弾を放ちました。1961年、ヤンキースのミッキー・マントルとロジャー・マリスのコンビでは、マリスがルース超えの61本を放ち、マントルも54本をマーク。2人あわせて史上最多のシーズン115本を記録し、両選手の名前の頭文字から「MM砲」と呼ばれました。

最近ではヤンキースのアーロン・ジャッジとジャンカルロ・スタントンが話題になりました。2017年、当時マーリンズに在籍していたスタントンが59本を放ち、ヤンキースのジャッジも当時の新人最多記録となる52本をマーク。翌年にヤンキースに移籍したスタントンが身長198センチ、それを上回る身長201センチのジャッジという超大型の大砲コンビでMM砲の記録更新かと期待されましたが、その後4年間は2人とも怪我などでベストパフォーマンスが発揮できず、50本どころか40本にも届きませんでした。ただ、2022年で言えばジャッジがマリス超えの62本を記録し、スタントンが31本で2人合わせて93本。物足りなさは残りますが、両選手がともに絶好調となれば、破壊力抜群のヤンキース打線となります。

前置きが長くなってしまいましたが、今やヤンキースの超大型コンビをしのぎ、MLB最強コンビとして最も注目されているのがトラウトと大谷さんです。2022年はトラウトが40本、大谷さんが34本を放ち、8度のアベック弾を記録。トラウトは2人そろってのホームランに「かなりクールだ」と言及し、「僕らがホームラン数を争っているみたいと皆に言われるね」と周囲の反応を明かしました。2022年シーズン終了時点でMLB記録にはまだまだ遠い通算22度のアベック弾ですが、2023年シーズンは開幕早々に通算24度目のアベック弾、また通算7度目の2者連続弾を記録しました。トラウトは2019

年シーズン前にエンゼルスと歴代最高の12年総額4億2650万ドル（当時のレートで約469億円）で契約延長。もし大谷さんもエンゼルスと再契約することになれば、「トラウタニ弾」は今後も続き、2人そろって歴史に名を刻む時がくるかもしれません。

通算100勝&ホームラン300本

さて、ファンの皆さんにとって1つ気がかりなのが、大谷さんが投打の二刀流でどれだけ長くプレーできるか、でしょう。これから5年、10年とMLBで投打にわたる活躍を続けていくと、それはもうとんでもない生涯成績になりそうです。

大谷さんは2018年エンゼルスに入団してから最初の5年間で通算28勝を挙げました。右肘のトミー・ジョン手術を受け、約2年間のブランクがありましたが、2021年に9勝とカムバックし、2022年は自己最多の15勝をマーク。チームのエースとして君臨するようになりました。

2024年以降も10勝ずつぐらい白星を積み重ねていくと、2029年に元祖二刀流ベーブ・ルースの通算94勝を上回り、2030年には一流投手の証である通算100勝に到達しそうです。もちろん、15勝以上するシーズンなどがあれば、２０２８、２０２９年あたりに大台突破の可能性もありそうです。おそらく、大谷さんには「１００勝」という大きな目標があるのではないでしょうか。

２０２２年シーズン終了時点で、ＭＬＢの現役投手で通算１００勝以上を挙げているのは18人だけです。昔と違って、先発５人や６人でのローテーション、先発投手の球数規制（1試合１００球前後）などの影響で20勝投手が減り、15勝以上挙げる投手も少なくなっています。こうした先発投手に勝ち星が付きにくい状況の中で１００勝以上挙げるのは容易でありません。そんな中、日本人ではパドレスのダルビッシュ有が２０２２年終了時点で通算95勝を挙げており、通算１００勝間近。ダルビッシュ有と大谷さんには、１９９５年からドジャースなどで活躍した野茂英雄が通算12年で積み上げた日本人記録の通算１２３勝を目指してほしいですね。

大谷さんは、打者としては最初の5年間で通算ホームラン１２７本をマーク。今後もシーズン30本以上のペースで打ち続けると、２０２８年シーズン後に一流のパワーヒッターの証である通算３００号に到達します。もちろん、40本や50本を打つシーズンがあれば、節目の300号に到達する時期はさらに早まります。

2022年終了時点で、MLBの現役選手で通算ホームラン300本以上は9人だけ。日本人記録が、ヤンキースなどで活躍した松井秀喜の通算175本ということを踏まえると、日本人にとって300本というのは夢のような数字です。ただ、夢を現実にする男、大谷さんなら300本どころか400本や500本も打ってくれるような気がしてしまいます。

ちなみに、前述のルースは1914年レッドソックスで投手としてデビュー。1918、1919年と投打の二刀流に挑み、1920年以降はヤンキースで打者に専念。ホームランバッターとして不動の地位を築き、投手としては通算94勝、打者では不滅の大記録と言われた通算ホームラン714本をマークしました。

さすがに通算ホームラン数でのルース超えは夢のまた夢かもしれませんが、大谷さんには、2022年に達成した「10勝&ホームラン30本」の延長とも言える記録、通算「100勝&ホームラン300本」に挑戦してほしいです。

日米通算200勝&ホームラン500本

ここまでは大谷さんのMLBでの生涯成績を期待も込めて占ってきましたが、日本ハム時代と合わせたらどれぐらい凄い成績を残すのかにも興味が湧いてきます。

まずは投手成績を占うと、大谷さんは日本ハム時代に5年間で通算42勝をマーク。MLBで通算108勝すれば、日米通算150勝に到達します。仮に野茂英雄と同じ123勝を挙げれば、日米通算で165勝。そうなると、日米通算200勝という夢の大台も視野に入りそうです。ちなみに、野茂英雄は近鉄時代に5年間で通算78勝。さらにMLBで通算123勝を合わせると、日米通算201勝をマークし、日米でプレーした投手として初めて200勝に到達しました。

投手で夢が膨らむ一方、大谷さんの打撃成績を占うと、日本ハム時代にホームランを通算48本放っており、MLBで通算252本をマークすれば、日米通算300本に到達します。さらにMLBだけで通算300本打てば、日米通算400本も現実味を帯び、これまた夢の500本という数字も視野に入りそうな感じがします。ちなみに、松井秀喜は巨人時代の通算332本と、MLB通算175本を合わせて、日米通算507本をマーク。日米でプレーした選手として初めて500本の大台に到達しました。

MLBは投手のレベルが高い上に、年間20チーム以上と対戦します。2023年からは全球団と対戦するスケジュールに変更されるので、それだけ多くの投手と顔を合わせることになります。相手投手の研究だけでは追い付けないところもあり、ホームランを量産するのは容易でありません。

こうした難しい状況の中で、大谷さんはどこまで投打の二刀流を続けられるでしょうか。いずれ投手に専念すれば、日米通算200勝が可能かもしれません。一方で、打者一本に絞れば日米通算500本も夢ではありません。それとも二刀流を継続しながら、両方の記録に迫っていくのでしょうか。大谷さんの身体のメンテナンス次第でもありますが、これはもう本人にしか分かりません。

かつてイチローがオリックス時代の通算1278安打とMLBでの通算3089安打を合わせて日米通算4367安打をマーク。あくまで参考記録ながら、MLBで歴代1位の通算4256安打を誇り、レッズなどで活躍した〝安打製造機〟ピート・ローズの記録を抜いたときはさすがにビックリしました。

もし投打の二刀流で「日米通算200勝&ホームラン500本」を達成でもしたら、あるいは大台に到達できなくても投打の金字塔に迫るような成績を残せば、イチローが日米通算安打で〝世界記録〟を作った時のように、天と地がひっくり返りそうです。しかし、100年に一度、いや不世出の二刀流スーパースター、大谷さんだったら不可能ではないかもしれません。

MLB殿堂入り

二刀流選手として幾つもの偉大な記録を作り、歴史を刻んできた大谷さんには、早くも将来の殿堂入りへの期待が高まっています。大都市ニューヨークの摩天楼がそびえ立つマンハッタンから北西へ約320キロ。緑濃い森林に囲まれたオッセゴー湖の畔、ヨーロッパ風の街並みが美しい人口1800人あまりの小さな町クーパーズタウンにアメリカ野球殿堂博物館があります。この町は1839年に、のちに南北戦争北軍の将軍となったアブナー・ダブルデイによって野球が考案されたと言い伝えられる聖地です。

野球殿堂入りの選手は毎年、全米野球記者協会に所属して10年以上の経験があるベテラン記者による投票で決まります。MLBで10年以上プレーし、現役引退後5年を経過した選手が対象で、得票が投票総数の75％以上となれば晴れて殿堂入り。なお、選考基準として「高潔さやスポーツマンシップ、そして人格にも優れた選手」などもあります。

２０２３年１月にMLB公式サイトが「２０２３年にプレーが見られる将来の殿堂入り候補者たち」との記事を掲載しました。その中で大谷さんはMLBで５年しかプレー経験がないにもかかわらず、30番目の選手で名前が挙がりました。

「大谷はベーブ・ルースさえやらなかったことをやっている。２０１８年にトミー・ジョン手術を受けたが、これまで素晴らしい３シーズンを送った。２０１８年はア・リーグ新人王、２０２１年は同リーグMVP、２０２２年はMVP投票２位、サイ・ヤング賞投票でも４位になった」

と高く評価されました。さらに「誰もやっていないことをやったという理由で、彼の殿堂入りを強力に後押しする可能性も高いだろう。彼には比較対象がいないため、殿堂入りのハードルが少し低くなるかもしれない」と分析しています。

同じく2023年1月に米大手スポーツ誌『スポーツ・イラストレーテッド』電子版は30歳未満の現役選手で将来的に殿堂入りが見込まれる選手を年齢別に特集。28歳部門で大谷さんを最有力候補として選び、「現代野球において投打両方で優れた活躍を見せて、どれだけ二刀流選手がやれるかを我々に示した。今後、何年間も二刀流として活躍した場合、彼に記者が投票しない選択は難しい」との見解を示しました。

2025年、日本人で初めてイチローさんが殿堂入りするのは間違いありません。そして、米球界に革命をもたらしたホームラン王のルース、黒人メジャーリーガー第1号のジャッキー・ロビンソン（ドジャース）らと共に、いつの日か「MLBの歴史を作った人物」として大谷さんも殿堂入りするときが必ず訪れるでしょう。

第2章

このライバルとの対戦を見逃すな！

【バッター大谷さん対ＭＬＢ投手編】

世界最高峰の野球リーグ、ＭＬＢではトップレベルの猛者たちが各国から集まっています。大谷さん自身の好プレーはもちろん見逃せませんが、剛腕投手や強打者とのガチンコ対決もＭＬＢ観戦の醍醐味です。野球はチームプレーで、個人の対決が勝敗を決める訳ではありませんが、ここぞという場面では、相手の主戦投手や絶対的守護神を打ち崩し、主砲やキーマンとなる選手を抑えることが、勝負の分かれ目にもなります。

２０２３年も闘争心をむき出しにした投打のライバル達が、二刀流で戦う大谷さんの前に立ちはだかることでしょう。第2章では、そんなライバルたちと大谷さんの特に見逃せない注目の対決に焦点を当てたいと思います。

まずはバッター大谷さん対ＭＬＢ投手編から、紹介していきましょう。

屈指のパワー投手ジェイコブ・デグロム

過去5年間でバッター大谷さんは幾度となくMLB屈指の好投手と息をのむ、しびれる対戦をしてきました。完璧に抑えられても対戦を重ねる度に進化し、工夫をこらして攻略してきた大谷さん。そして2023年の目玉はなんと言っても、大谷さんと同じア・リーグに〝新規参入〟した剛腕との新たな激突です。

2014年ナ・リーグ新人王に輝き、サイ・ヤング賞を2度獲得しているベテラン右腕ジェイコブ・デグロムが、2022年まで在籍していたメッツから、大谷さんと同リーグ同地区のレンジャーズに移籍しました。

近年は故障がちで、本来の力を発揮できていませんが、最優秀防御率1度、最多奪三振2度を獲得したMLBを代表するエリート級投手です。最

ジェイコブ・デグロムとは初対決

速は102・2マイル（約164キロ）で、2022年のフォーシーム（直球）の平均球速は98・9マイル（約159キロ）。リーチの長い腕から繰り出される剛速球に加え、スライダー、チェンジアップ、カーブの精度も抜群です。ベストコンディションのデグロムと、バッター大谷さんのパワー対決はまさに見物。これまで実現しなかった夢の勝負です。力と力のぶつかり合いがこれから何度も見られるとなると、ゾクゾクしてしまいます。ピッチャー大谷さんとの投げ合いの可能性も十分にあり、こちらも大興奮のマッチアップとなりますね。

2018年、大谷さんがア・リーグの新人王を獲得し、同年にデグロムはナ・リーグのサイ・ヤング賞に輝きました。オフにニューヨークで行われた表彰式では記念撮影を行い、同じ193センチの2人が並んだ豪華写真がSNS上で話題になりました。リーグが違うため両者が出会う機会はなかったのですが、デグロムはかつて、大谷さんと同じCAAスポーツの代理人と契約しており、その関係で2人の豪華ショットが実現したようです。また2022年の春季キャンプ中、大谷さんがブルペンで投球練習を行っている時に、ある投手のモーションをモノマネし、それがデグロムか？　と話題にもなりました。

2023年シーズンで組まれているレンジャーズとエンゼルスの試合は13試合。MLB最高峰のパワーと技術がぶつかり合う真剣勝負は目が離せません。また顔が小さく、長身でスタイル抜群の両選手。見た目のかっこよさにも視線が注がれることでしょう。お茶の間の女性ファンをとりこにするイケメン対決としてもアツい戦いになるかもしれません。

兄貴分の左腕アンドリュー・ヒーニー

レンジャーズにはもう1人、注目の投手がいます。2021年シーズン途中まで大谷さんの同僚で、仲良しだった左腕アンドリュー・ヒーニーが2023年シーズンから新加入。元同僚と今度はライバルとしてぶつかり合います。

エンゼルス時代は、大谷さんとアイスホッケーやバスケットボール観戦に出かけるなどプライベートでも距離が近かったヒーニー。過去に左肘のトミー・ジョン手術を受け、その後に復活を遂げており、同じ経験をした大谷さんにとっては心強い存在でした。大谷さんの人間性については「紳士的でいいやつ。負けず嫌いだね」と語っています。

優しくて、クールなタイプのナイスガイ。将来の夢は、田舎で木造の一軒家の所有者に

兄貴分だったアンドリュー・ヒーニー

なることだそうで、「森林や湖のほとりにあるような、ツリーハウスを建てたいんだ。（理由は）静かでリラックスできるから。屋根に寝そべったりしたい」と話していました。

　２０１８年当時の主力投手陣では、最も長い間チームメイトとして時間を共有したヒーニーですが、２０２１年の７月末にトレードでヤンキースに移籍。その約１ヶ月後、８月30日にエンゼルスタジアムで大谷さんと初めて対戦する機会が訪れました。結果はヒーニーの完敗でした。5回、大谷さんはヒーニーのカーブを完璧に捉え、右翼スタンドへ特大弾を放ったのです。打った瞬間にホームランと分かる当たりで、ヒーニーは打球を見上げることさえしませんでした。

　それでも翌日、微笑ましい光景がありました。大谷さんは投手調整のルーティンで、壁当てとキャッチボールを終えると、ヤンキース投手陣とともに調整を行っていたヒーニーの元へと向かいました。自ら声をかけ、ハグであいさつ。しばらく談笑する姿は、元同僚との絆が見えた瞬間でした。レンジャーズ戦はデグロムら主戦投手との対決だけでなく、兄貴分だった元同僚との再戦も楽しみです。

ヤンキースの剛腕ゲリット・コール

さて、ＭＬＢにはデグロムのようなエリート級の剛腕がゴロゴロ存在します。その筆頭が名門ヤンキースのエース右腕、ゲリット・コール。大谷さんがＭＬＢ移籍1年目に衝撃を受けた投手の１人です。初対戦のあとに大谷さんはこんなコメントを残しています。

「いくら払ってでも経験する価値のあることなのかなと。それくらい素晴らしい投手」

直球の最速１０１・７マイル（約１６４キロ）を誇る速球派で、大谷さんと同様、精度の高いスライダーを武器とし、ナックルカーブも厄介です。ちなみに同投手は大谷さんの「大ファン」と公言していて、「なんて素晴らしい才能の持ち主だ」と二刀流のプレーを称賛。試合ではベンチの最前列で、大谷さんの投球に見とれてしまうこともあるそうです。互いにリスペクトし、野球人として気持ちを高め合う存在なのでしょう。かつてコールは大谷

ゲリット・コールは実は大谷さんのファン

さんについて、「夢の実現」というテーマで熱弁したことがあります。

「僕らは投手だけや、野手だけで野球を始めるわけではない。皆、投打の両方か、複数ポジションでプレーしたいと思っている。野球をしている子どもたちは、全部やりたいと思うだろう。例えば、左投手が遊撃手でもプレーするとか、単純に、投手であろうが、打者であろうが、夢は実現できるもの。オオタニはそれをエリートレベルでやっている。彼を見て、刺激を受けて、次世代の選手が大きな夢を持ち続けてほしいね」

不可能と思われてきたことを可能にし、さまざまな偏見を覆してきた大谷さん。メジャー屈指の投手からも「大ファン」として応援されています。

もちろん両者の対決は迫力満点。バッター大谷さんの過去の対戦成績は20打数4安打の打率2割、ホームラン1本、3打点。ここまではコールが比較的、大谷さんを抑えこんでいます。2021年までは17打数3安打で長打は1本。コールの攻略には時間がかかっていましたが、ヤンキースの主砲アーロン・ジャッジと熾烈なMVP争いを繰り広げていた2022年8月31日、大谷さんは2点を追う6回にコールから逆転3ランを放ち、日本人初となる2年連続の大台30号に到達しました。初対戦から5年目、ようやくライバル投手からホームランを放ち、節目の記録を飾ったのです。打者としての対決はもちろんですが、まだ実現していない初の投げ合いとなれば、ヤンキースのエース右腕との投打の真剣勝負に目が離せません。

実はコールはエンゼルスの本拠地アナハイムから車で20分ほどのニューポートビーチ出身で、アナハイム近郊の高校に通っていました。故郷に近い球団だったこともあり、2019年オフにFAとなった際にはエンゼルスも移籍先の候補に挙がっていましたが、結局、2019年総額3億2400万ドル（当時のレートで約356億円）で、子どもの頃からファンだったヤンキースと合意しました。投手ではFA史上最高額となる超大型契約を、敏腕代理人で有名なスコット・ボラス氏がまとめました。

ちなみに、2023年シーズンが始まる前の時点で、FA選手のMLB史上最高額は、大谷さんの同僚マイク・トラウトの12年総額4億2650万ドル（当時のレートで約469億円）です。大谷さんは2023年のオフにFAとなり、史上最高額を更新する破格の大型契約になると予想されていますから、コールとの対決は、年俸でも世界トップレベルのプレミアムな戦いとなりそうです。

最強右腕ジャスティン・バーランダー

もう1人、大谷さんが衝撃を受けたMLB屈指の投手と言えば、2022年に3度目のサイ・ヤング賞を獲得したジャスティン・バーランダー（メッツ）です。2022年までアストロズに在籍していたため、同じア・リーグ西地区で過去5年間、バッター大谷さんとは名勝負を繰り広げ、互いにしのぎを削ってきました。

2018年、同投手との初対戦で大谷さんは4打席連続の空振り三振で完敗。コテンパンにされました。同年のシーズン後、大谷さんが「最も印象に残った投手」としてバーランダーを挙げ、その驚きをこう語っています。

「トータルしてすごく完成されている投手だと感じました。ここまで品のある球というか、スピードもそうですけど、なかなか経験したことがない。直球、スライダー、カーブ、チェンジアップ、そのオーソドックスな球種がどの投手よりも、1ランク、2ランク、高い」

一方、バーランダーも、二刀流のパフォーマンスに最大限の賛辞を送っています。

「彼は特別な才能を持っている。多くの選手が彼のプレーを見たいと思っているし、打者としても、投手としても、ここまでベーブ・ルース以来のことをやり遂げている。僕らはみんな、それに敬意を払っている」

サイ・ヤング賞3度のジャスティン・バーランダー

２０２２年シーズン、大谷さんが2年続けて投打の二刀流で活躍していた際に、バーランダーは大谷さんをMVP候補の筆頭に挙げていました。7月中旬のオールスター戦に出場したバーランダーは、ジャッジと大谷さんのMVP争いについて、ニューヨークポスト紙の取材にこう答えています。

「もし、誰かがベストヒッターの1人として活躍して、その選手がまた、ベストピッチャーの1人だったとしたら、反対票を投じるのは難しい」

結果的にはジャッジがMVPを獲得しましたが、対戦機会が多く、投打で秀でた大谷さんの凄みを肌で感じてきたバーランダーにとっては、大谷さんのパフォーマンスは2年連続でMVP級だったと感じていたのでしょう。

2023年シーズンはナ・リーグ東地区のメッツに移籍し、対戦の機会は少なくなりましたが、エンゼルスは8月25日からメッツの本拠地シティフィールドで3連戦を控えています。再戦となれば、初めて訪れる同球場でニューヨークのファンを沸かせること間違いなしです。ちなみに、バッターでの対戦はありますが、投手としての投げ合いは実現していません。先発ローテーションの巡り合わせ次第となりますが、先発対決となれば、こちらも大注目。想像するだけでも胸が躍りますね。

そして余談ではありますが、バーランダーの弟でFOXスポーツのアナリストを務めるベン・バーランダー氏は、二刀流・大谷さんの大ファンとして有名です。彼は大学まで二刀流選手としてプレーし、メジャーに挑戦しました。マイナーリーグで選手生活を終えましたが、大学時代に二刀流を経験したからこそ、兄と同じように大谷さんの規格外の凄みを肌で感じているようです。

「彼がやっていることをできる人なんて、この地球上で誰もいない。もし、それ（二刀流）をこれからも継続してできるなら、彼以上に価値のある選手はどこにいるのだろうか。両方をメジャーリーグのレベルで、エリート級のプレーでできている。これは、僕は不可能だと思っていたけど、それと同時に、彼が成し遂げてくれて感謝しているよ」

大谷さんの〝マニア〟として、ベン氏が住むアパートの自室には、枕やブランケット、Tシャツなど大谷さんのグッズであふれているそうです。彼は2022年夏に大谷さんの故郷、岩手県奥州市を訪れ、ルーツをたどる取材を経て、帰国後に大谷さんの単独インタビューも行いました。今や取材メディアと選手として近い存在になったベン氏と大谷さん。大谷さんにとってバーランダー兄弟は特別な存在なのです。

天敵クローザー、エドウィン・ディアス

さて、バーランダーと同じメッツには、バッター大谷さんの天敵が存在します。絶対的

守護神のエドウィン・ディアスです。

プエルトリコ出身で、サイドスローから最速102・8マイル（約165キロ）のフォーシームは迫力満点。スライダーのキレも抜群で、準優勝となった2017年のWBCでも活躍し、注目を集めました。

大谷さんはこれまでに4打席の対戦しかありませんが、4打数4三振。すべて空振り三振という結果でした。しかし、これは同投手がマリナーズに所属していた2018年シーズンの成績です。あれから6年。大谷さんは当時から技術もパワーも向上しています。2023年は8月末にニューヨークでメッツとの3連戦がありますが、残念ながらディアスは怪我のため2023年シーズンは絶望とのこと。再戦のお楽しみはもう少し先までとっておきましょう。

ちなみにディアスは大谷さんを4打数4三振に打ち取っていることに関して、2022年のオールスター戦前に謙虚にこう振り返っています。

「彼は素晴らしい打者だ。僕はとにかく、自分の力を出し切ることを心がけていた。投げるべきところに投げる。もし、ミスすれば彼はヒットか、ホームランか、どういう形であろうと捉えることができる。だから、常に自分のピッチングをするようにしているよ。2018年に対戦した時、彼はルーキー。多くを学んで、今はより成熟した選手になり、メジャーリーグでも最高の選手の1人だと思う」

エドウィン・ディアスから初ヒットなるか

投打ともに5年間のプレーで進化を遂げ、MLBを代表するスーパースターとなった大谷さんは、ディアスの故郷プエルトリコでも有名だそうで、「多くの人が彼のことを知っているよ。（MLBのレベルで）ピッチングとバッティングを同時にやるなんて、この世界で誰もできないんだから」と明かしました。大谷さんの活躍は日米にとどまらず国境を超えて世界に広がっています。

MLB屈指の好投手マックス・シャーザー

メッツと言えば、球界を代表するベテラン右腕のマックス・シャーザーとの対決も見逃せません。シャーザーはここまで数多くのタイトルを獲得しており、最多勝4度、最高勝率1度、最多奪三振3度、サイ・ヤング賞3度の輝かしい実績を誇ります。近年では珍しく両腕を頭の上に振りかぶるワインドアップの投球モーションで、そこからサイドスロー気味に腕を下げて勢いよく腕を振ります。近年は球威が下がっていますが、全盛期は最速100・1マイル（約161キロ）の剛速球を投じていました。

大谷さんとシャーザーはレギュラーシーズンでの対戦はありませんが、オールスター戦で1度だけ対戦が実現しました。2021年、二刀流での活躍に特別ルールが認められ、史上初となる投打両方で大谷さんはオールスター戦に出場しました。「1番DH」で打って、先発マウンドに上がるというベーブ・ルースでもできなかった偉業です。大谷さんはア・リーグの先発で、ナ・リーグの先発投手がシャーザーでした。オールスター戦前日会見で、同じテーブルに座って記者会見に臨んだ同投手は、大谷さんの二刀流のパフォーマンスをこう称賛しました。

「投手として体にかかる負荷というのは激しいもの。肩肘の調整をしながら、打つこともできる。信じられないくらいのアスリートじゃないと、そんなことはできない。彼は本当に信じられないアスリート。だから、歴史的なパフォーマンスが生まれる」

2022年、史上120人目となる通算200勝の快挙を達成したシャーザーも、運動能力はMLBトップクラスのはずですが、やはり投手として162試合のシーズンを戦い抜くための準備には、相当なエネルギーを使うようです。超一流の投手だからこそ、体のメンテナンスの過酷さが分かるのでしょう。投手として先発して、その上で更に打つことを想像すると、「信じられない」という表現になるのでしょう。投打で当然のようにプレーしている大谷さんには、求められるレベルも高くなっていますが、投打でのプレーを続けていること自体が規格外なことなのだと、シャーザーのコメントが物語っています。

本気の激突！　マックス・シャーザー

そして大谷さんもMLB屈指の好投手との対戦を楽しんだようです。同年のシーズンオフ、日本記者クラブでの会見で、対戦した投手で印象に残っている選手について明かしました。

「オールスターで対戦したシャーザー投手。僕がもっともっと若い時から見ていたピッチャーだったので、いつか（打席に）立ってみたいというのはありましたし、そこはすごい、印象にあるかなと思います」

シャーザーが2年連続で最多勝のタイトルを獲得したのは、2013年と2014年。サイ・ヤング勝に初めて輝いたのも2013年で、大谷さんが日本ハムに入団して1年目、2年目のことです。高校時代からMLBでのプレーを熱望していた大谷さんにとっては、MLB挑戦4年目でようやく、念願がかなったということなのでしょう。

ただし、レギュラーシーズンでの直接対決はまだありません。オールスター戦は真剣勝負とはいえお祭りですから、エンターテインメント的な要素が大きいのです。2023年はメッツとの3連戦が8月末にあるので、両軍ともにプレーオフを狙える位置で戦っていれば、今度は本気の対戦となるでしょう。もしシャーザーとバッター大谷さんのレギュラーシーズンでの初対戦が実現したら、ABEMAの中継前に私は「1人ウォータースプラッシュ」で自分に水をかけ、大谷さんのホームランを祈念したいと思います。

黄金左腕クレイトン・カーショー

2022年のオールスター戦、大谷さんは期待された二刀流ではなく、打者に専念して臨みました。ロサンゼルスのドジャースタジアムで「1番DH」として先発出場。第1打席で対戦したのがMLB屈指の黄金左腕クレイトン・カーショーです。プレーボールの打席に入る直前のこと、インタビュアーに意気込みを問われた大谷さんは、さらっと英語でこう答えました。このシーンも話題になりましたね。

「ファーストピッチ（初球）、フルスイング！　ザッツ・イット（それだけ）」

そして宣言通り、初球の直球を思い切り振りましたが、バットの先っぽに当たってセンター前ヒット。ホームランを狙っていた大谷さんは苦笑いでした。さらにその直後、けん制球に引っかかり、タッチアウト。これにはカーショーも白い歯を見せて、してやったりの笑顔でした。

実は大谷さんがカーショーから安打を放ったのは初めてで、レギュラーシーズンの対戦では8打数無安打3三振と抑え込まれています。

クレイトン・カーショーには抑えられている

大谷さんがＭＬＢに挑戦する前の２０１７年オフ、ドジャースは大谷さん移籍先候補のファイナリストに含まれながら、争奪戦に敗れました。ド軍との交渉に同席していたのが、カーショーだったそうです。当時は因縁めいた報道もありましたが、今となっては過去のこと。互いがプレーヤーとして尊敬し、大谷さんはオールスター戦で打席に入る前に「リスペクト」を込めて脱帽しました。レギュラーシーズンでのガチンコ勝負では、まだ攻略できていませんが、ＭＬＢトップクラスの制球力を誇るカーショーを打ち砕くのも、そう遠い将来のことではない、と期待しています。

えぐい右腕サンディ・アルカンタラ

２０２２年ナ・リーグのサイ・ヤング賞右腕、マーリンズのサンディ・アルカンタラも世界トップレベルの強敵です。ドミニカ共和国出身の27歳で、大谷さんより１つ年下。現代風の言葉で言えば〝えぐい〟投手です。

98マイル（約１５９キロ）前後のフォーシームとツーシームを投げ分け、打者の手元でボールが動きます。２０２２年の被打率わずか1割4分5厘のチェンジアップも強力な武器です。大谷さんは２０２２年7月上旬のマーリンズ戦で初めて対戦し、3打数無安打。全てゴロアウトで、わずかにバットの芯とタイミングを外されました。

打ち崩したいサンディ・アルカンタラ

アルカンタラはメジャー6年目の２０２２年に飛躍し、14勝9敗、防御率２・28。投球回はリーグトップの２２８回３分の２で、６完投と1完封の圧倒的な成績を残しました。分業制が進み、先発投手が完投することがほとんどない現代のＭＬＢにおいて、６完投はすさまじい数字です。そんな〝えぐい〟ドミニカン右腕を、大谷さんには今度こそ打ち崩してほしいものです。

ノット・ジャスティンなシェーン・ビーバー

ライバルの投手編、最後に挙げておきたいのが、2020年にサイ・ヤング賞を獲得したガーディアンズのジャスティン・ビーバー……おっと間違えました（笑）。シェーン・ビーバーです。大谷さんより1つ年下ですが、ほぼ同世代のホープ。1年目から実績を重ね、2020年から4年連続で開幕投手を務めているチームのエースです。

そんな実力派の右腕の名前を私は言い間違えてしまいましたが、実は本人もニックネームで「Not《ノット》 Justin《ジャスティン》」と自虐ネタとして使っており、米国のファンの間で浸透しています。

ジャスティン・ビーバーと言えば、カナダ出身の世界的ミュージシャンで、数々のヒットソングを生んだレジェンド歌手です。ですので「ビーバー」と言えば、大半の方がジャスティン・ビーバーを思い浮かべるかもしれません。シェーンはそれをネタに「ノット・ジャスティン」をニックネームとして選んだのです。

話が少しそれてしまいましたが、大谷さんはビーバーには13打数2安打の打率1割5分4厘とかなり抑え込まれています。ただ、ビーバーから放った打球で、衝撃的な一発があるんです。レギュラーシーズンではありませんが、２０２１年シーズン前のオープン戦で3月16日に対戦し、大谷さんはエンゼルスのキャンプ地アリゾナ州テンピの本球場ディアブロスタジアムのバックスクリーンを越える特大弾を放ちました。実は大谷さんは3月13日のオープン戦でもバックスクリーン越えのホームランを打ち、数日のうちに2度も衝撃的な特大弾を見舞ったのです。

シェーン・ビーバーから衝撃弾をもう一度

これには、球場を管理するベテランマネージャーも「15年間ここにいるけど、バックスクリーンを越えるホームランを2本打った選手は初めてだね」と、舌を巻いていました。例年、同球場では15試合前後のオープン戦が行われていますので、単純計算で15年間に約２００試合以上を観戦してきているはずですが、「だいぶ前

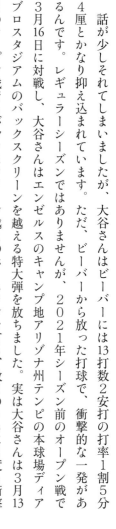

に1本、（バックスクリーン越えのホームランを）見たことがあるけど誰だったか覚えていないよ」とのこと。大谷さんはその年、投打の二刀流で歴史的なシーズンを送りましたが、今思えば、オープン戦とはいえ前年のサイ・ヤング賞右腕ビーバーから放った衝撃弾は、二刀流全開のシーズンが始まる予告だったのかもしれませんね。その衝撃弾を今度はぜひシーズン中にお願いします！

さて、ここまでバッター大谷さんのライバルとして注目の超一流投手たちを紹介しましたが、実は過去5年間、超一流クラスのピッチャーとの投げ合いはあまり実現していないんです。ジャスティン・バーランダー、ゲリット・コールら同リーグのライバルとは、打者としては何度も対戦してきましたが、投手としての投げ合いはまだありません。

新たにライバルとして名勝負になりそうなジェイコブ・デグロム、MLBのレジェンド左腕クレイトン・カーショー、ベテラン右腕マックス・シャーザーらスター選手たちとは、投手としての投げ合いも大いに楽しみです。打者と投手、同時にダブルで楽しめる。これも二刀流の大谷さんならではですね。

【ピッチャー大谷さん対ＭＬＢ打者編】

歴史的スラッガー、アーロン・ジャッジ

続いてはピッチャー大谷さん対ＭＬＢ打者編です。

まず大注目なのが、ヤンキースのアーロン・ジャッジとのガチンコ対決でしょう。ジャッジは２０２２年、断トツの62本でホームラン王に輝き、ロジャー・マリスが保持していたア・リーグ記録（61本）を塗り替えました。マリスは１９６１年、ベーブ・ルースの記録を抜き、通算２７５本をマークした左のスラッガーです。名門ヤンキースに７年間在籍し、当時の背番号９は永久欠番となっているほどの大スターでした。歴史を刻んだ伝説の選手の後輩にあたるジャッジの背番号は99。偶然かもしれませんが、同じ９の数字を背負う同一球団の選手が歴史を塗り替えたことは、不思議な縁を感じさせます。これも野球の神様のイタズラなのでしょうか。

さて、ジャッジと大谷さんと言えば２０２２年、ＭＶＰを巡ってお互いに一歩も引かないデッドヒートを繰り広げました。思い出すのが8月末のエンゼルスとヤンキースの3連戦です。エンゼルスの本拠地で行われた第1戦は大谷さんとジャッジの両者がホームランを放ち、大観衆をとりこにしました。2戦目はジャッジが2試合連続ホームランをマーク。そして特にしびれたのが第3戦でした。大谷さんがヤンキースのエース右腕コールから鮮やかな逆転3ランを放ち、これが決勝弾となったのです。一塁ベースを回りながら右拳を強く握り、気を吐いていた大谷さんの姿が今も脳裏に残っています。エンゼルスタジアムは両選手が打席に入る度に「ＭＶＰ！　ＭＶＰ！」の大合唱。プレーオフのような熱気が球場全体を包みました。

3連戦を終えた大谷さんはＭＶＰ獲得を意識していたことを明かしました。

「モチベーションにはなりますね。そういう形（ＭＶＰ）になるか、ならないか、プレーヤーとして違いは出てくると思うので。ただ1試合1試合、今日のいい場面で打ったのもそうですけど、勝ちを意識して頑張っていけば、自ずと数字はついてくると思うので、一番はそこかなと思います」

一方で、ジャッジに対してはこう語っています。

「ホームランもすごいですし、四球をとったり、打席のクオリティが高いなというのが一番、安定していい成績が残る要因かなと思う。見ているだけでも勉強になりますし、やっぱり素晴らしいバッターだなと思います」

MVPライバルのアーロン・ジャッジ

ジャッジの身長は201センチ。大柄なMLBの選手の中でも一際目立つ体格です。大谷さんの身長は193センチですから、ジャッジには及びません。ジャッジは生後まもない頃から、ともに教師の両親の養子として育ち、高校まではアメリカンフットボール、バスケットボール、野球をプレーしてきたスポーツ万能アスリートでした。

外野の守備での評価も高く、強肩が相手チームにとっての脅威になっています。2022年5月、エンゼルスがヤンキースタジアムで試合を行った際に、ホームランとなりそうだった大谷さんの打球をジャッジがジャンピングキャッチで阻止したことも話題となりました。そして2023年4月にも、大谷さんは2年連続でジャッジにホームランを「強奪」されています。

新人王を獲得した2017年、シーズン52本のホームランを放って当時の新人ホームラン記録を更新。翌年の2018年に新人王のタイトルを獲得したのが大谷さんです。ともにチームの主軸に成長し、MLBのスーパースターとなるまで時間はかかりませんでした。ジャッジはMVP受賞後、大谷さんを「地球上で最高の選手」と称えました。以前にも、大谷さんの活躍をこう語っています。

「彼は一生に一度の特別な才能を持っている。マウンド上でできること、90マイル台後半(約155キロ前後)のボールを投げ、長いイニングまで投球を続けて、それでいてホームランを打つ。そんなことは見たことがない。僕も大学時代に投打の両方をトライしてみた。投げて、打って、走って、その繰り返しで、ピッチャーとしてのコンディショニングを行う。それはもう、本当に疲労困憊だった。それをメジャーリーグのレベルで、ベストバッターやベストピッチャーと対戦する。それは大変なことだ。それでも、彼はいつも笑顔で、何か悩んでいるのも見たことがない。むこう20年くらい、彼を見続けていたいね」

2022年までのピッチャー大谷さん対ジャッジとの対戦成績は、2打数2安打ホームラン1本と大谷さんの完敗。MLB屈指のスラッガー、ジャッジと大谷さんの対決は、今後も長く名勝負として注目されるでしょう。

宿敵アストロズの天敵アレックス・ブレグマン

ピッチャー大谷さんが「すごく頭の使う球団」とその強さを実感しているのが、2017年と2022年にワールドシリーズを制覇したアストロズ打線。同じリーグ、同じ地区でプレーオフ進出を目指している大谷さんとエンゼルスにとっては最大の敵です。

「単純に自分のやりたいことをやっていれば抑えられる打線ではない。いろいろと考えないといけない打線なので、個の力も強いですけど、線の中でいろいろ考えている、強いチームだなと思います」

そう語っている宿敵アストロズに対して大谷さんは2022年、5試合に登板し3勝1敗、防御率1・21、投球回29回3分の2、45奪三振と圧倒的な成績を残しました。これはすごい！　としか言いようがありません。

　ただ、アストロズ打線には大谷さんの天敵も存在します。それがアストロズの主軸アレックス・ブレグマンです。中距離ヒッターですが、勝負強く、２０１９年にはホームラン41本、１１２打点で、エンゼルスのマイク・トラウトに次いでＭＶＰ投票２位に選ばれました。２０１５年のドラフトでアストロズの１巡目、ＭＬＢ全体で２番目に指名された逸材です。

勝負強いアレックス・ブレグマン

　コンパクトなスイングで大谷さんを攻略し、２０２２年までの対戦成績は20打数７安打の打率３割５分とかなり打ち込まれています。ホームランこそ打たれてはいませんが、勝負所で適時打やつなぐ打撃に徹し、抑えたい場面で打たれています。いまや大谷さんにとっては手強い難敵です。しかし逆に言えば、大谷さんがブレグマンを抑えることがアストロズに勝つ近道になるのです。

その天敵ブレグマンですが、大谷さんのパワーには脱帽しています。

「彼はものすごいパワーを持っている。強く捉えたときは、ゴロだろうと、フライだろうと、すさまじい。本当に最もエキサイティングなプレーヤーの1人で、見ていて楽しいよ」

大谷さんが打者に専念していた2019年シーズン、大谷さんの打ったゴロを捕球した際、その球足のあまりの速さに、グラブを差し出した時に思わず目を閉じてしまったことを打ち明けていました。

怪力スラッガー、ヨーダン・アルバレス

強打者ぞろいのアストロズ打線ですが、もう1人、絶対に気を抜いてはいけないのが主砲のヨーダン・アルバレス。外野手兼指名打者（DH）として大谷さんに匹敵するパワーと技術の持ち主です。

2022年は前半戦にホームランを量産し、大谷さんとオールスターのファン投票1位の座を争いました。結果的には大谷さんに次ぐ2位となりましたが、打者のベストナインと呼ばれるシルバー・スラッガー賞のDH部門では大谷さんを抑えて選出されました。キ

ューバ出身で、身長は196センチと大柄の左打者。2023年で26歳になる若手で、DHとしては今後も長く、大谷さんのライバルとして君臨するでしょう。

同じDHでバッターとしてのライバル関係が注目されることが多い2人ですが、投手の大谷さんとアルバレスの直接対決となると、過去の対戦成績は10打数2安打、ホームラン0本、1打点。今のところ大谷さんが抑え込んではいますが、2022年のワールドシリーズでは世界一を決める逆転弾を放つなど、勝負の行方を決める一発を放つ怪力スラッガーとの対決は、やはり目が離せません。

小さな巨人ホセ・アルテューベ

アストロズの主軸といえば、「小さな巨人」ことホセ・アルテューベも忘れることはできません。

身長は168センチと小柄ですが、パンチ力があり、甘い球は初球からフルスイングする積極的な強打者で、くせ者です。2014年から4年連続シーズン200安打以上を達成し、アベレージヒッターですが、ホームランを狙えるパワーもあります。

ただ、対戦相手としては大谷さんを苦手にしているようです。

「正直に言うと、あんな凄い投手、二度と対戦したくないよ。だけど、彼を打つために、ベストを尽くすよ。100マイル（約161キロ）のボールを投げて、素晴らしいスプリットを投げて、それでいて打つなんて、とても想像できない。クレイジーだよ」

好打者ホセ・アルテューベ

アルテューベのコメントからは、ピッチャー大谷さんが他球団の選手からどれほど嫌がられているのかが伝わってきます。とは言うものの、大谷さんとの過去の対戦成績を見てみると、24打数7安打の打率2割9分2厘と意外と結果を残しているところがやはりくせ者です。もっとも10三振と全くタイミングが合わない場面もあるので、やはり得意とは言えないようですが。最近は出塁した大谷さんと仲睦まじく話す姿も印象的です。

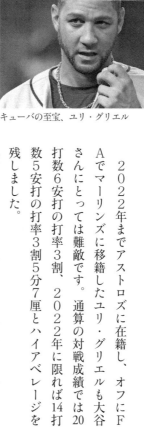

日本時代からの難敵ユリ・グリエル

2022年までアストロズに在籍し、オフにFAでマーリンズに移籍したユリ・グリエルも大谷さんにとっては難敵です。通算の対戦成績では20打数6安打の打率3割、2022年に限れば14打数5安打の打率3割5分7厘とハイアベレージを残しました。

キューバの至宝、ユリ・グリエル

「信じられない、唯一無二の選手」と大谷さんを称えるキューバの至宝は、2014年に日本の横浜DeNAベイスターズでプレーした経験があります。交流戦で日本ハムと対戦した際には、先発マウンドに上がった大谷さんから、右翼フェンス直撃の二塁打を放ちました。3打数1安打でしたが、グリエルは日本時代から大谷さんをよく打っている選手です。

ブレグマン、アルテューベ、グリエルはアストロズの中心選手として主軸を担う一方、

２０２０年のシーズン前に発覚した電子機器を利用した組織的なサイン盗みの責任を問われました。その影響で敵地の球場では大ブーイングを受けてきましたが、サイン盗み発覚後も結果を残し、変わらぬ実力の高さを証明しています。２０２２年アストロズはフィリーズを下して5年ぶりにワールドシリーズを制覇。大谷さんが実感する強さは健在です。

元アストロズの超天敵ジョージ・スプリンガー

２０２０年までアストロズに在籍していた選手で、ブレグマンよりも手強い大谷さんの超天敵が存在します。ブルージェイズのジョージ・スプリンガーです。

過去の対戦成績は15打数7安打の打率４割６分7厘、ホームラン２本、４打点と打ちまくっています。メジャー9年間の通算打率は２割６分9厘ですから、さほど打率は高くありません。ですので、ことさら大谷さんとの相性の良さが際立ちます。

しかし超天敵スプリンガーにとっても大谷さんとの対戦は決して楽ではないようです。

２０２２年5月末、先発マウンドに上がった大谷さんとの対戦後、スプリンガーは大谷さんのピッチングについて次のように語っています。

よく打たれているジョージ・スプリンガー

「おそらく彼のスプリットは野球の試合においても最高の球種だ。速球にも緩急をつけることができるし、多彩なことができる。対戦するのが楽しいと言いたくないし、難関だよ」

スプリンガーとの対決は、ただ相性が悪いだけでなく、なにやら因縁めいています。1年目、大谷さんは6月上旬に右肘の靭帯に損傷が見つかり、リハビリを経て9月2日のアストロズ戦で投手として復帰を果たしました。しかし3イニング目に異変が出始め、スプリンガーに2ランを浴びて敗戦投手となります。その後、新たな損傷が見つかり、結果的にトミー・ジョン手術を受けることとなりました。

投手として長いリハビリを経た2020年のシーズンでは、2度目の登板で再びアストロズと対戦。2イニング目に崩れ、スプリンガーに痛恨の四球で2者連続の押し出しを許しました。天を仰いだ大谷さんは降板し、のちに右腕の故障再発が発覚。同年の投手復帰はかないませんでした。

そして2022年の対決では先頭打者アーチを浴び、出鼻をくじかれて負け投手となりました。15打席以上の対戦では最も分が悪いスプリンガーに対して、投手・大谷さんがどう対応していくのか。かつて平成の怪物・松坂大輔が残した名フレーズ「リベンジ」を2023年にはぜひとも果たしてもらいたいものです。

若きホームラン王ウラディーミル・ゲレロJr.

ブルージェイズと言えば、最大のライバルとして対戦の度に注目されるのが、まだ24歳の主砲ウラディーミル・ゲレロJr.です。2021年に大谷さんと繰り広げたホームラン王のタイトル争いでは、シーズン終盤の9月にトップの座を奪い、ロイヤルズのサルバドール・ペレスとともに48本でホームラン王に輝きました。この年、MVPは満票で大谷さんとなりましたが、最大のライバルとしてゲレロJr.も名を轟かせました。

2022年は5月末に対戦し、両球団の若きスター同士に注目が集まりました。試合前に行われたゲレロJr.の取材では二刀流の大谷さんの印象、打者や投手の技術、思い出話まで、笑顔でうれしそうにこう答えました。

「僕はもちろん、投げることはできないけど、互いにホームランが打てる」と共通点を挙げ、大谷さんのパフォーマンスについて「すごくいい投手で、MLBの中でもベストピッチャーの1人。試合に出れば、打つこと、投げること、走ること、勝つために全てを尽くす素晴らしい選手」などと語りました。

また、2021年のオールスターでは大谷さんとツーショットで記念撮影を行い、ともに笑顔で楽しそうな写真が話題になりましたね。

「ずっと長い間、そのときを待っていたんだ。どう話しかけていいか分からなかったけど、(写真撮影をしたいと)伝えたら『もちろん』と言ってくれたんだ」

うれしそうに当時の状況を振り返り、そのときの写真は「自宅の壁に飾ってある」と、母国ドミニカ共和国の自宅に大切に保存し、宝物になっていることを明かしてくれました。

一方の大谷さんは、オールスター戦などで交流した時のゲレロJr.についてこう語っています。

塁上でウラディーミル・ゲレロJr.と談笑

「人柄がとても謙虚で素晴らしい選手。グラウンドの外でも謙虚で、人としても素晴らしいなという印象だった。プレーヤーとしてもすごく刺激を受けていますし、打撃は僕としてもとても勉強になる部分がたくさんある」

今では2人がフィールド上で仲睦まじく談笑する姿もよく見られます。ちなみにピッチャー大谷さん対ゲレロJr.の過去の対戦成績は8打数3安打の打率3割7分5厘、ホームラン1本とゲレロJr.に軍配が上がります。2022年の対戦では外角のカーブを左翼ポール際に運ばれました。

ところでゲレロJr.は、エンゼルスでも活躍した野球殿堂入り選手、ウラディーミル・ゲレロ氏の息子として、大谷さんと同様にメジャー1年目（デビュー1年は大谷さんより1年遅い）から注目されていました。

父のゲレロ氏はメジャー通算16年間で打率3割1分8厘、ホームラン449本、1496打点の結果を残した大打者です。ゲレロJr.は、父がエンゼルスタジアムでプレーしていた時代に、フィールドや室内練習場を訪れることも多く、印象に残っていると明かしています。

実は大谷さんはMLBに挑戦した1年目に、野球殿堂入りしたゲレロ氏から激励を受けています。アリゾナ州テンピのキャンプ地を訪れていた同氏は、大谷さんに対する印象と、今後への期待をこう語っています。

「素晴らしい才能を持っていて、好青年のように見える。これからメジャーに適応していく必要があると思う。でも、彼の才能があれば、間違いなく私たちが求めるパフォーマンスをグラウンドで見せてくれる。（メジャーでのキャリアを）どうスタートするかではなく、どう終えるかということが大事」

そして大谷さんも、ゲレロ氏と同じことを語っていたことがあります。移籍1年目の2018年、投打の二刀流で衝撃的デビューを飾った開幕から約1ヶ月半後、「どう始まるかよりは、どう終わるかが大事だと思うので、シーズンが終わったときに、いいシーズンだったなと思えるように、1日1日頑張りたいなと思っています」とコメントしました。殿堂入り選手が心がけていた考え方にも通ずる発言ですね。もしかしたらゲレロ氏から受けたアドバイスをしっかりと自覚していたのかもしれません。大谷さんとゲレロ親子は、公私ともにご縁があるようです。

突如現れた大谷キラーのヨナ・ハイム

さて、ピッチャー大谷さんの天敵はまだまだ存在します。2022年、最も大谷さんを攻略した選手と言えば、レンジャーズのヨナ・ハイムでしょう。

衝撃的だったのは、開幕直後の4月14日、大谷さんが2敗目を喫した試合です。エンゼルスが2点リードの2回、1死満塁から真ん中に入ってきたスプリットを捉えられ、弾丸ライナーで右翼席へ運ばれました。逆転満塁ホームラン。大谷さんにとっては、キャリアで初めて満塁弾を浴び、決め球のスプリットも初めてホームランにされました。

メジャー3年目のハイムには申し訳ありませんが、「たまたまでは?」とも思われたものの、その後の対戦でも「大谷キラー」として立ちはだかります。2021年までは6打

大谷さんを打ちまくったヨナ・ハイム

数無安打だったのに対し、2022年は8打数6安打の打率7割5分、ホームラン1本、7打点と打ちまくったのです。中にはラッキーなポテンヒットもあったとはいえ、運も実力のうち。奪三振の多い大谷さんから、ヒットゾーンに飛ばす確率が高かっただけでも、ハイムの技術の高さがわかります。左右両打ちの強打者は、大谷さんから初のグランドスラム（満塁弾）を打った試合後、謙虚にこう話しました。

「いったん、打席を外して気持ちを落ち着かせたんだ。スプリットが落ちなくて、打ててラッキーだったし、いいスイングができた。才能ある投手からグランドスラムを打てたことは特別。エキサイティングだったね」

大谷さんより1つ年下の、何か〝持っている〟男。2022年には、なんとMLB史上初の2試合連続サヨナラホームランをマークしています。

大谷さんのファンから「大谷キラー」と名付けられたハイムですが、謙虚な姿勢は変わりません。

「彼がスーパースターなのは誰もが知っていることだけど、出場した時には誰が投手であろうと、ベストを尽くすだけだよ」と冷静に話しながらも、大谷さんから「好打者」と褒められたことを知ると、「彼からの言葉であれば、素晴らしいことだね。感謝しているよ」とうれしそうな笑顔を見せていました。

レンジャーズにはもう1人、手強いライバルが存在します。左のスラッガー、ナサニエル・ローです。2022年は打率3割2厘、ホームラン27本、76打点で打線を引っ張り、一塁手としてシルバー・スラッガー賞に輝きました。大谷さんとの対戦成績は16打数6安打の打率3割7分5厘、ホームラン2本、4打点と相性がよく、ハイムの成績と合わせると通算30打数12安打の打率4割、ホームラン3本、11打点と2人で大谷さんを攻略しています。

ちなみに、ローは大谷さんからホームランを2本放っていますが、これはブルージェイズのジョージ・スプリンガー、マット・チャプマンと並んで最多タイです。いまや、サイ・

ヤング賞候補にも名を連ねる大谷さんからホームランを打つのは困難で、2本マークしている選手はもちろん警戒すべきバッターとなります。

こうして見ると、ピッチャー大谷さんにとって天敵が多いのはやはり、同リーグ同地区のアストロズやレンジャーズですね。両球団のライバルたちをどう攻略していくかが、ア・リーグ西地区で優勝しプレーオフ進出を狙うための大きなポイントになりそうです。

【見逃せないライバル番外編】

3冠王ミゲル・カブレラ

ここまで、大谷さんの投手や打者としてのライバルを紹介してきましたが、最後にライバル番外編として大谷さんと関わりの深い2選手を取り上げたいと思います。

まずは、現役選手では唯一の3冠王、タイガースのミゲル・カブレラです。40歳のベテランは2023年シーズンで現役を引退する意向を示していますが、これまで大谷さんとは、思わず笑ってしまうような絡みが何度かありました。

２０２１年の６月中旬、エンゼルスタジアムでのタイガース戦、大谷さんが四球で出塁した時のことです。一塁手カブレラが待ち構えていたかのように近寄っていきました。そして、股間をタッチ。思わず腰を引いて、笑顔の大谷さん。なんだか仲睦まじい雰囲気は周囲を和ませました。

その背中を追いたいミゲル・カブレラ

「けっこう話しかけてくれたり、フレンドリーな感じで接してくれる選手なので、はい。そんな感じでした」と少し苦笑いの大谷さんでしたが、どこかうれしそうでした。
ベネズエラ出身のカブレラは２０１２年、29歳のシーズンで45年ぶりとなる打撃3冠王（打率、ホームラン数、打点でトップ）を達成。翌年まで2年連続でＭＶＰを獲得したレジェンド打者です。そして、彼が大谷さんのプレーを目の当たりにした

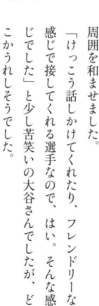

のは2018年の5月末。自身は故障でリハビリ中でしたが、二刀流で挑戦する大谷さんの可能性を熱く語っていました。

「彼は3冠王も、サイ・ヤング賞もとれる。大事なのは質問することを恐れないことだね。話すことを怖がらないこと。そこから、いろいろなことを学べるはずだ」

当時、大谷さんは登板日の前後1日は欠場していました。それを承知の上で、カブレラ選手は提言しました。

「打てるんだから、もっと試合に出ることだ。ピッチングをしている日に、打つことだってできる」

そして3年後、大谷さんはエンゼルスのジョー・マドン前監督の体制下で二刀流を全面的に解禁します。先発する試合で同時に打席にも立つ、リアル二刀流で才能を開花させ、歴史的なシーズンを送りました。3冠王のレジェンドは、持てる才能を発揮しきれていなかった二刀流・大谷さんを、1年目の頃から激励していたのです。

ちなみに、2019年にエンゼルスの監督を務めたブラッド・オースマス氏は、大谷さんとカブレラの打撃の類似点を次のように指摘しています。左打者の大谷さんはセンターから左方向（逆方向）の長打力が長所で、右打者のカブレラも、右方向（逆方向）に打球を飛ばす能力に長けているとのこと。だとすれば、大谷さんも3冠王をとれる可能性があるとも言えますし、同時にサイ・ヤング賞に輝くことも夢ではないかもしれません。打者として共通した特徴を持つカブレラは、その背中を追うべきライバルです。そしてもちろん、フィールド上での楽しいかけ合いも見逃してはいけません。

元女房役マーティン・マルドナド

もう1人ご紹介するのは、1年目の2018年にシーズン途中までエンゼルスで女房役の捕手だったマーティン・マルドナドです。大谷さんがMLBに挑戦して間もない頃に頼りにしていた兄貴分であり、パートナーでしたが、2018年の7月末にトレードでアストロズへ移籍しました。当時、大谷さんはその別れをこう惜しんでいます。

「個人的にはすごい残念ですけど、頑張って欲しいですし、同地区なのでまた対戦機会もあると思う。たくさん勉強させてもらいましたし、今度は対戦した時、また勉強になることもたくさんあると思います」

打席で話しかけるマーティン・マルドナド

プエルトリコ出身で、人なつっこく陽気なマルドナドは、大谷さんを「ホルへ」と呼びます。どうやら、スペイン語圏でよくある名前の「ホセ」から派生したようです。

同僚だった時はグラウンドの内外を問わず、とにかく始終仲良く過ごしていました。そういえば大谷さんのMLBデビュー戦の直後にはこんな出来事もありました。着替え中の大谷さんの背後からマルドナドが忍び寄り、お尻を思いっきりたたいたのです。「痛っー!」という大谷さんの悲鳴がクラブハウス中に響き渡り、周囲は笑いに包まれました。大谷さんにとっては初めてのことが多い中で、公私に渡ってメンタル面でもサポートしてくれた存在でした。

マルドナドは大谷さんにこんなエールを送っています。

「打者と投手、両方できる選手とプレーできたのは、貴重な時間だったよ。100マイル投げて、ホームランも打つ。いつもプレーを見ていて楽しいし、毎日毎日、彼のベストパフォーマンスを見られて楽しかった。彼の幸運を祈ってるよ」

気にかけてくれる元女房役に大谷さんは「うれしいですね。友達として。素晴らしい捕手ですし、相手になるとしたら嫌なキャッチャーなので、僕がランナーの時も打つときも、やっぱり（対策を）考えるところ」と今でも続く友人関係を喜びながら、捕手としての能力の高さも認めています。

アストロズの正捕手として対戦が多いマルドナドですが、大谷さんが打席に入る度に何か話しかけているのにお気づきでしょうか。日本語で、「ゲンキデスカー」と聞いているようで、大谷さんはクスッと笑いながら「元気です」と答えているそうです。ライバル同士ですが時に楽しそうな雰囲気を醸し出す2人は、見ていてほんわかします。アストロズ戦で大谷さんが打席に入る時は、マルドナドの声掛けにも注目してみてください。

さて、ここまで多くのMLB注目のライバル選手を紹介してきましたが、いかがでしたでしょうか。次回、大谷さんとライバルたちの対戦がある時は、ぜひ注目してみてください。これまで以上に対戦を楽しんでいただけると思います。

２０２３年は、大谷選手と同学年で高校時代からのライバル、剛腕の藤浪晋太郎がエンゼルスと同じア・リーグ西地区のアスレチックスに入団しました。すでに開幕第２戦で、両者の直接対決が実現し、日本人ファンの大注目を集めましたが、今後の対戦も必見です。

ＭＬＢ屈指のライバル達との戦いで大谷さんがどんなパフォーマンスを見せてくれるのか、目が離せません。本書を片手に、一緒に応援しましょう！

第3章
強い？　弱い？エンゼルスの謎

「なおエ」なエンゼルス

大谷さんがＭＬＢに移籍してからの5年間、私は毎年のようにエンゼルスの快進撃を期待してはいるのですが、残念ながらエンゼルスは２０１５年から２０２２年シーズンまで8年連続でプレーオフ進出を逃しています。春先はチーム状態がよく、チーム成績で上位に位置しますが、故障者や投手力不足で、最終的には失速。結局は下位に沈むという傾向がここ数年は顕著です。

ＭＬＢ現役最高選手の呼び声が高いマイク・トラウトと大谷さんが奮闘しながらも、結局は試合に敗れてしまうことが多いエンゼルス。そこでインターネット上で生まれたのが、エンゼルスの弱さを揶揄する「なおエ」という言葉です。

「なおエ」とは「なお、エンゼルスは敗れました」という文章の省略形。新聞などの活字メディアが、試合で大活躍をした大谷さんの様子をひと通り伝えたあと、文末に「なお、エンゼルスは敗れました」と記すことが多いのですが、それがファンの間で「なおエ」という略語として定着してしまったわけです。つまりそれだけエンゼルスは残念な負け方が多いということです。

例えば2022年6月21日のロイヤルズ戦、大谷さんは6打席で4打数3安打、ホームラン2本、8打点と大車輪の活躍をしたのですが、チームは延長11回を戦った挙句、11対12の1点差で負けました。このときは「大谷さん、1人で8打点！　なおエ」といった興奮とため息の入り混じった書き込みがネット上にあふれかえりました。

大谷さんがエンゼルスに加入してからのチーム成績を振り返ると、2018年（マイク・ソーシア監督）が80勝82敗の4位で勝率は4割9分4厘、2019年（ブラッド・オースマス監督）が72勝90敗の4位で同4割4分4厘、コロナ禍で短縮60試合シーズンとなった2020年（ジョー・マドン監督）が26勝34敗の4位で同4割3分3厘、2021年が77勝85敗の4位で同4割7分5厘、2022年（マドン監督とフィル・ネビン監督代行）が73勝89敗の3位で同4割5分1厘となっています。

なんと、投打で活躍する大谷さんが加入してから、エンゼルスは勝率5割以上でシーズンを終えたことがありません。見ているファンはもちろんですが、一番がっかりしているのは、世界一の選手を目指し、ワールドシリーズ制覇を夢見てMLBに挑戦した大谷さんかもしれません。

戦力的には十分戦えるはずなのに、試合には弱いエンゼルス。一体なぜ？　試合を観戦しながら不思議に思っている方も多いのではないでしょうか。その謎はエンゼルスの球団の体質をひもとくと、答えが見えてくるはずです。

若手が育たない

2022年シーズンはエンゼルスのもろさが際立ったシーズンでした。5月15日のアスレチックス戦を終えた時点で24勝13敗。貯金11でエンゼルスはア・リーグ西地区の首位を快走していました。

もしかしたら今年はやってくれるかも！　と期待に胸を膨らませた矢先のことです。5月下旬から6月上旬にかけて球団史に残るワースト記録の14連敗。マドン前監督も解任され、結局、例年と変わらない、「なおエ」なシーズンとなってしまいました。

大谷さんがエンゼルスに移籍した2018年以降、開幕直後は好スタートを切りますが、シーズン中盤から終盤にかけて失速する、この繰り返しでした。ベストメンバーなら強い打線とされていますが、故障者が出ては、代わりに台頭する選手が少ない。簡単に言えば、結果的に選手層が薄いメンバーだったと言わざるを得ません。

1つの要因として、マイナー組織から選手が育ちにくいことがあります。2022年の時点で、MLB公式サイトが発表したファームシステム（マイナー組織の育成環境など）のランキングによると、エンゼルスはなんと、MLB30球団で最下位の30位となっています。理由は、過去にドラフト上位で指名した選手が、期待通りに活躍していないことにあります。近年で言えば、テイラー・ウォードが2015年のドラフト1巡目（全体26位）で指名され、2022年シーズン、強打を生かしてレギュラーに定着しました。一方、2017年のドラフト1巡目（全体10位）に指名されたジョー・アデルは、期待が大きかったものの守備面に不安を残し、MLBのトップレベルの舞台ではいまいち活躍できていません。主力がケガで離脱した時に、若手がカバーし、主力選手を脅かすくらいの活躍をする。バランスのいい新陳代謝が強いチームには欠かせないのですが、その新陳代謝が少ないのです。

ただ、ポジティブな傾向もあります。2020年のドラフト1巡目（全体10位）で指名された期待の左腕リード・デトマーズが、2022年5月に球団史上最年少22歳でノーヒットノーランを達成。シーズンを通じて好不調の波はありましたが、25試合の先発登板で7勝6敗と踏ん張りました。また、第1章でも紹介した最速105・5マイル（約169・8キロ）の剛腕ベン・ジョイスら有望な若手投手もまだいます。

とはいえ、他チームを見渡してみると、同じア・リーグ西地区のマリナーズでは、2018年のドラフト1巡目（全体14位）の右腕ローガン・ギルバートが2022年シーズンで13勝6敗、防御率3・20の好成績を残し、2019年のドラフト1巡目（全体20位）の右腕ジョージ・カービーは8勝5敗、防御率3・39と、若い2人がチームの投手陣を支えました。レイズでは2018年のドラフト1巡目（全体31位）の左腕シェーン・マクラナハンが、2022年のオールスター戦の先発に選ばれるなど才能を開花させ、12勝8敗、防御率2・54と大活躍。若い投手が順調に成長している他球団を見れば、エンゼルスには物足りなさが残ります。

チグハグな補強

もう1つ、投打のバランスが合わない要因として、補強の失敗も挙げられます。2000年以降、エンゼルスはFAで様々な大物選手を獲得してきました。例えば歴代4位の通算ホームラン703本を誇るアルバート・プホルス。最近では2019年オフにワシントン・ナショナルズからアンソニー・レンドンと長期契約を結びました。ただプホルスは全盛期ほどの活躍ができず、レンドンは2021年から2年連続で故障に泣き、ふがいないシーズンを送り、いずれも期待された結果を残せてはいません。

獲得した選手はいずれも野手で、アストロズからヤンキースに移籍したゲリット・コールのような大物FA投手の獲得はならず、最終的には選手層の薄さと投手力の弱さが毎年のように勝てない要因として指摘されています。

FA選手の獲得や、大型トレードの決定権を持っているのが、エンゼルスのオーナー、アート・モレノ氏だと言われています。2020年シーズンのキャンプ直前、ドジャースの前田健太がツインズにトレードされました。当時、レッドソックスに在籍していたムーキー・ベッツの獲得を狙っていたドジャースとの三角トレードが成立。この大型トレードには当初、エンゼルスも加わっていたと報道されました。エンゼルスは、ドジャースから左の長距離砲ジョク・ピーダーソンと、先発右腕ロス・ストリップリングを獲得すると報じられていましたが、直前で白紙に。これは、オーナーのモレノ氏の意向だったとされています。明確な理由は明かされていませんが、モレノ氏が交渉にしびれを切らして、撤退を決めたと複数の米メディアが伝えています。

２０２２年7月下旬から8月初旬にかけて、大谷さんのトレードも大きな話題となりました。ヤンキースなど複数の金満球団がエンゼルスに問い合わせをしたそうですが、結局、球団の方針として大谷さんをトレード市場には出しませんでした。やはり、これもオーナーの意向と報じられています。つまり、大型補強や長期契約はオーナーの一存で、方針が決まる訳です。

２０２２年8月下旬に球団の売却を発表し、翌年1月に一転してオーナー権の継続を決めたモレノ氏。方向性が不透明ですが、今後チームの補強をどのようにしてうまく進めていくのかは、オーナーの決断にもかかっているわけです。

昔から弱かったわけではない

ここ数年低迷を続けているエンゼルスですが、過去をたどれば必ずしも弱いチームではありませんでした。大谷さんが選んだエンゼルスという球団のことを知っていただくためにも、簡単に歴史を振り返ってみましょう。

球団創設は1961年で、60年以上の歴史があります。夢と魔法の王国ディズニーランドから車で約5分のオレンジ郡にあるアナハイム市に、新球場アナハイムスタジアムが完成したのは1966年のことでした。新しいスタジアムのオープンをきっかけにエンゼルスは、「カリフォルニア・エンゼルス」と改名しました。

そして救世主が出現します。その名はノーラン・ライアン。1972年メッツからエンゼルスに移籍して1年目にいきなりア・リーグ奪三振王に輝き、1973年はサンディ・コーファックス（ドジャース）が持つMLB記録更新の383奪三振をマーク。その年から3年連続で合計4度もノーヒットノーランを達成。1974年には人類史上初めて速球のスピードが100マイル（約161キロ）の壁を突破し、彼のニックネームである「ライアましたン・エクスプレス」から、日本では「カリフォルニア超特急」として知られるようになりました。

ちなみに大谷さんが活躍すると、球団記録も度々掘り起こされますが、そのときに枕詞のように使われるのが「球団ではノーラン・ライアン以来」とのフレーズです。2022年で言えば、大谷さんが6試合連続で2ケタ奪三振をマーク。ライアンの持つ球団記録、7試合連続には及びませんでしたが、メジャー歴代1位5714奪三振を誇る名投手に迫る勢いでした。大谷さんが現在のエンゼルスの人気を支えているように、ライアンの活躍によって当時のチームの人気も上昇。1975年以降は毎年100万人以上の観客を動員し、チームカラーを紺から赤色主体に変えたことで雰囲気も明るくなり、同じロサンゼルスのドジャースに人気、実力とも肩を並べられるくらいのチームになりつつありました。

ドジャースに対抗すべく、チーム作りに多大な功績を残した人物がいます。1951年から18年間にわたってドジャースのGMを務め、在任中に8度のリーグ優勝、うち4度の世界一と大繁栄をもたらした球界の大御所、バジー・バベージです。

1977年オフにエンゼルスのGMに就任するや否や戦力補強し、最初のシーズンとなる1978年に早くもチームを5位から2位へと押し上げました。同年オフにはツインズから〝安打製造機〟ロッド・カルーをトレードで獲得。ロッド・カルーはア・リーグで7度も首位打者に輝き、1977年は驚異の打率・388をマーク。リーグMVPにも輝いたパナマ出身の大スターです。

1979年、エンゼルスは〝Yes We Can（為せば成る）〟をスローガンに開幕早々10連勝と好スタートを切り、エースのライアンを筆頭とする投手陣の活躍とア・リーグ№1の得点力で、球団創設19年目にして初の地区優勝。観客動員数は初めて年間200万人を突破し、最終的に252万3575人を集めました。対照的にドジャースは2年連続リーグ優勝から地区3位に転落。観客動員数も286万人と落ち込み、両チームの差が一気に縮まりました。

しばらくエンゼルスの強い時代が続き、1986年までで3度地区優勝を飾りました。もしもこの時代に大谷さんがいたら、と思うのは私だけでしょうか。ライアンとカリフォルニア・ダブル超特急、安打製造機のカルーとパワフル大谷さん、ものすごいチームだったと想像すると、たまりません。

バベージGMの積極的な補強は留まるところを知りませんでした。1981年にMLB史上初めて新人王&MVPを同時受賞したフレッド・リンや、1982年にはワールドシリーズで大活躍し、「ミスターオクトーバー」の異名を取った球界の千両役者、レジー・ジャクソンを獲得。これで、カルーと主砲ドン・ベイラーを含めMVP受賞の経験を持つ選手が4人揃い、「MVPカルテット」が誕生しました。

現在のエンゼルスでMVP受賞歴があるのは、マイク・トラウトと大谷さんの2人。そう思うと、当時の打線はすさまじいですね。ちなみにジャクソンは1982年、メジャートップのホームラン39本を放ちます。これは2020年まで左打者としては球団記録でした。これを塗り替えたのが、大谷さんです。2021年シーズン、大谷さんはホームラン46本をマーク。野球殿堂入りを果たしているジャクソン超えを果たしたのです。

ディズニーの参入と黄金時代

さて、みなさんはエンゼルスの経営に、あのウォルト・ディズニー社が携わっていたことをご存知でしょうか。1996年、ウォルト・ディズニー社は経営権の25%を買い取り、MLBの球団経営に乗り出したのです。地元アナハイムには有名なディズニーランドがあり、地域密着型のチームを目指すという理由から、1997年に本拠地の名前を冠して「アナハイム・エンゼルス」に変更しました。

当時はNFL（アメリカンフットボールリーグ）と共同で使用していましたが、1997年に野球専用の球場に改修し、外野センター奥に巨大な人口岩（通称ロックパイル）が造られました。エンゼルスの選手がホームランを打つと約27メートルの高さまで火が勢いよく噴き、花火が打ち上がるのを中継でご覧になった方もいらっしゃるでしょう。まるでディズニーランドのような洒落たアトラクションです。そういえばこのロックパイル、ディズニーランドの人気アトラクション、ビッグサンダーマウンテンの岩山を連想させますね。

そして2000年、マイク・ソーシア氏がエンゼルスの監督に就任しました。そうです、大谷さんのMLB1年目まで19年間、チームを指揮していた名将です。現役時代はドジャースの正捕手として活躍し、2度の世界一を経験。現役引退後もドジャースに在籍してコーチを務めていました。当時、MLBではドジャース出身の監督、コーチがもてはやされ、エンゼルスもライバル球団の指導者だったソーシア監督に大きな期待を寄せていました。そしてソーシア監督もその期待に応えます。

２００２年シーズン、快進撃を続けていたエンゼルスは惜しくも2位で終わりましたが、地区優勝チーム以外の最高勝率、いわゆる「ワイルドカード」で16年ぶりのプレーオフに進出しました。５年連続で地区優勝、６年間で4度も世界一に輝いていた強敵ヤンキースとの地区シリーズを猛打で突破し、ア・リーグ優勝決定シリーズでも勢いに乗ってツインズを撃破。同年のワールドシリーズは、ともにワイルドカードから勝ち上がってきたチーム同士の対決となり、これは史上初となりました。ジャイアンツでは、前年ＭＬＢ新記録のホームラン73本を放った主砲バリー・ボンズや、日本人選手として初めてワールドシリーズの大舞台に立った新庄剛志もプレーしていました。激戦のシリーズはエンゼルスが２勝３敗と王手をかけられながら逆転の2連勝。ソーシア政権3年目、球団創設42年目にして悲願の世界一に輝いたのです。

ワールドシリーズ制覇の翌年、２００３年4月にメキシコ系米国人の実業家アート・モレノ氏が1億８４００万ドル（当時のレートで約２４８億円）で球団を買収しました。すると

2003年には球団史上初めて、年間観客動員数が300万人を突破。以来、毎年のように300万人以上を動員する人気球団となりました。

モレノ氏は入場料を安くし、球場で販売されるビールなども値下げをし、オーナー席に座らず一般の観客席でファンと交流しました。当時、米スポーツ専門局ESPN電子版は米4大プロスポーツ（MLB、NFL、NBA、NHL）の全チームを対象にファンの満足度ランキングを発表し、エンゼルスはMLBで最高の6位でした。ヤンキースの28位、ドジャースの64位よりはるかに高い評価を受け、エンゼルスの新時代が到来しました。近年は「なおエ」と揶揄される残念なシーズンが続いていますが、かつてはこのような黄金時代もあった訳です。

フリーウェーシリーズ

同じロサンゼルスを本拠地とするチームとして、エンゼルスにとって最大のライバルが、人気と実力を兼ね備えた名門球団ドジャースです。この両球団は毎年シーズン開幕前にロサンゼルス、アナハイムの各本拠地球場でオープン戦合計3試合を行うのが恒例行事となっています。両球場を国道5号線（通称サンディエゴ・フリーウェー）が結んでいることから「フリーウェーシリーズ」と呼ばれています。

１９９７年からナ・リーグとの交流戦でシーズン中にもフリーウェーシリーズが開催されるようになり、同年6月18日には、ドジャース野茂英雄、エンゼルス長谷川滋利が登板し、ＭＬＢ史上初となる日本人同士の投げ合う歴史的瞬間も生まれました。

２０２２年シーズンまででフリーウェーシリーズは合計１４０試合行われ、予想外かもしれませんが、対戦成績はなんとエンゼルスが73勝67敗とリードしています。しかし、最近ではドジャースが過去10年間で9度も地区優勝と圧倒的な強さを誇り、２０２０年シーズン以降は逆にドジャースが13勝3敗と大きく勝ち越しています。

大谷さんのドジャース戦の成績を見ると、投手としての登板機会はありませんが、打者として26試合に出場し、打率・２５０、ホームラン2本をマーク。２０１８年7月8日にＪＴ・シャギワ（元楽天）から初の代打決勝ホームランを放ち、２０１９年6月11日には当時ドジャースに在籍していた前田健太（ツインズ）から初回、右中間スタンドへ先制ホームランを打ちました。

ライバルの両球団はファンの気質も異なります。名門球団のドジャースファンは常勝を求めます。ファンが勝ちに飢えれば、野球の見方も厳しくなっていきます。一方でエンゼルスファンは、ドジャースファンと比べると温かくて優しいと言われています。

土地柄も関係あるのでしょうか。ドジャースの本拠地ドジャースタジアムはダウンタウンから近く、丘陵を登ったロサンゼルスの中心地に位置しています。エンゼルスタジアムは温暖な気候で広大な土地が広がるオレンジ郡と呼ばれる地域にあります。オレンジ郡周辺の住民にはどこかのんびりとした、優雅な雰囲気が漂っています。野球観戦でも、厳しい見方をするよりは、温かく見守るファンが多いのかもしれません。

このようなプレーしやすい環境を大谷さんも好んでいるようで、アナハイムのファンが好きだと発言しています。今やスーパースターとなり熱狂的なファンも多い大谷さんですが「歩いていれば声かけてもらえることも多いですし、きれいな街なので、オフシーズン、ぶらぶら歩いたりしているので、すごい気に入っているところ」と話しています。たとえ負けが続いても、変わらず応援してくれるエンゼルスファン。でも居心地の良さはエンゼルスにとっては一長一短かもしれませんね。

東と西で大きく異なるチームカラー

エンゼルスのチームカラーを知っていただくためにロサンゼルスに本拠地を置くドジャースと比較してみましたが、ＭＬＢ全体に視野を広げてみると、日本の約25倍という広大な面積を誇る米国だけあって、東と西で大きくチームカラーが異なります。

東部には熱狂的なファンが多く、野球の試合に対するファンの目も肥えていて、たとえ贔屓の選手でも結果が出なければ、容赦なくブーイングを浴びせます。熱狂するあまり、ファン同士の喧嘩も絶えません。それに比べると、西海岸では野球の歴史が浅く、東部のファンほど勝負に拘らず、家族全員でゲームを楽しむ気質があります。

１９７６年にＭＬＢでＦＡ制度が導入されると、市場規模が大きい東部のチームに有力選手たちが集まりました。特に、１９６０年代半ば以降、低迷していたヤンキースは札束攻勢で他球団のスター選手を次々に獲得し、１９７７、１９７８年と2年連続ワールドシリーズを制覇。見事に名門復活となり、「カネでペナントを買った最強チーム」とも揶揄されました。

ヤンキースの本拠地ヤンキースタジアムやレッドソックスの本拠地フェンウェイパークなど、東部には打者有利な球場が多く、ベーブ・ルースの時代から豪快なホームランで多くのファンを魅了しました。また、名うての強打者たちを抑えるため、スピードボールを投じる剛腕投手たちも多くいて、米国人好みのパワー勝負を演じてきました。それと対照的にドジャースの本拠地ドジャースタジアムやジャイアンツの本拠地オラクルパークなど、西部に多いのが投手有利な球場です。

つまり東部のチームが豪快でパワフルな野球だとすれば、西海岸のチームは伝統的に投手王国と言われるドジャースのように投手力と守りを中心にした機動力野球が主流です。こうして視野を広げて見ると、東と西の野球の違いや、ファンの熱狂ぶりも異なり、MLB観戦により一層、興味を持っていただけるのではないでしょうか。

メディアも同様の傾向があり、東部のヤンキースやレッドソックスの番記者は厳しい論調が多く、大谷さんも〝被害〟にあったことがあります。2017年の11月上旬、二刀流のスター選手がMLBにポスティングシステム（入札制度）で移籍することが決まり、メジャー30球団による大谷さんの争奪戦がスタート。ほとんどの球団が獲得に名乗りを上げた中、1次選考でレンジャーズ、マリナーズ、エンゼルス、カブス、ジャイアンツ、パドレス、ドジャースの7球団に絞られました。かつて元祖二刀流のベーブ・ルースが所属し、豊富な資金力を持つ伝統球団ヤンキースは本命の候補とされていましたが、早々に脱落。米国の各メディアはヤンキースのキャッシュマンGMのコメントを引用し、「大谷は西海岸で大都市ではない球団を好んでいる」と報道しました。

ニューヨークのデイリーニュースはこれを1面で大々的に報じ、「WHAT A CHICKEN！（なんて臆病者なんだ！）」と過激な見出しが踊りました。今やMLBの顔となった大谷さんが、臆病者だとは全く思いませんし、西海岸の小都市を好んでいたのか真偽のほどは定かではありませんが、地元の球団が早々に獲得レースから脱落して、きっとプライドを傷つけられたのでしょう。ニューヨークのメディア恐るべしです。その点エンゼルスの番記者たちは二刀流に懐疑的な目は向けていた時期はあったものの、そこまで大谷さんを厳しく論ずる風潮はありませんでした。やはりどこか、温かさを感じますね。

頼りになるトラウト兄貴

大谷さんの活躍で、エンゼルスタジアムを訪れる日本人も一気に増えました。コロナ禍が続いていた2020年、2021年を除き、夏休みには大勢の日本人がエンゼルスタジアムを訪れます。地元エンゼルスの三塁側観客席を見渡すと日本人だらけで、ここは日本か、と錯覚してしまうほど応援で盛り上がっています。

そんな熱心なファンの皆さんの中には大谷さんだけではなく、エンゼルスのチームメイトについても関心を持って応援している方がたくさんいます。ネット上でもエンゼルスの選手の話題で盛り上がっている場面をしばしば目にするようになりました。そこでここからは、大谷さんと仲良しのチームメイトについて紹介していきたいと思います。

まず始めに、日本でも知名度ナンバーワンの人気者、マイク・トラウトです。大谷さんにとっては移籍1年目から引っ張ってくれた兄貴分のような存在です。日本では「トラウト兄貴」略して「トラ兄」などと呼ばれて親しまれていますね。ア・リーグ新人王、MVP3度、オールスター出場10度、打撃のベストナインと呼ばれるシルバースラッガー賞9

チームのリーダー、マイク・トラウト

度、数々の栄冠を手にしているMLBを代表するスーパースターです。2023年3月のWBC決勝戦では米国最後のバッターとして登場し、クローザーの大谷さんと対戦した名場面を記憶している方も多いでしょう。
トラウトの好物はチキンウィングで10分で24個を食したことも。趣味のゴルフや魚釣りで情報が必要なのか、なぜか天気予報が好きという意外な一面も。
チームリーダーでMLBの顔としても人気が高いトラウトと大谷さんは2番、3番でコンビを組むことが多く、ホームランを放つアベックアーチは、いつしか「トラウタニ弾」と名付けられるようになりました。仲良しでもあり、互いをリスペクトする2大スター。トラウトは大谷さんの入団当時、次のように印象を語っています。

「一番驚いたのは、やっぱりパワーだね。映像でも見たことはあったけど、実際にフリー打撃を見たときも驚いた。信じられないくらい力強い。100マイル以上投げられるピッチングも素晴らしいね。日本から来た投手の中でも№1のピッチャーの1人。彼はかなり手強くて本当にいいピッチャーだし、ショウヘイがチームメイトで良かったよ」

技術的なレベルの高さはもちろんですが、クラブハウスでチームに積極的になじんでいく大谷さんを目の当たりにして、その人間性にも感心したようです。

「彼はチームメイトを楽しませているし、ポジティブで親しみやすい雰囲気もあるね」

大谷さんとはゲームで遊ぶこともあれば、バスケットボールを楽しむこともあったとか。2021年、オールスター戦の前夜祭「ホームランダービー」に大谷さんが参加した際、スイングのインターバル間に生電話で激励したことでも話題となりました。

大谷さんにとってもトラウトの打席を間近に観察できることは、打者として進化するために大いに役立っているようです。

「ホームランだけじゃなくて、打席の運び方とか、そういうのも後ろで見ていると違うかなと思う。ベンチで見ているよりも、より近いので、何考えているのかなとか、どういうタイミングで打っているのかなと。こういう取り組みもあるんだなという1つの参考にはいいんじゃないかなと思います」

エンゼルスが擁するMLB屈指の強打者2人が活躍してもなかなか勝てないエンゼルス。やはりエンゼルスは投手陣に頑張ってもらいたいと、切実に思います。

同期の相棒フレッチャー

大谷さんがMLBに挑戦した2018年シーズンからの5年間で、チーム内のメンバーはめまぐるしく入れ替わっています。ルーキーイヤーからレギュラーとしてともに戦ってきた選手といえば、野手ではトラウトとデビッド・フレッチャーのなんと2人だけ。トラウト兄貴はチームをまとめるリーダーですが、フレッチャーは大谷さんのMLBデビューから遅れること約2ヶ月半、2018年6月13日にMLB初出場を果たした大谷さんの「同期」です。

コンパクトなスイングで安打や出塁を狙う打者で、大谷さんとは全くタイプは違いますが、1994年生まれも同じという共通点もあり、1年目から大の仲良しです。

仲良し同期のデビッド・フレッチャー

クラブハウスでは大谷さんとゲームで勝負したり、試合前、フィールド上のウォーミングアップでジャンケン後にダッシュしたりと、仲良しな姿が目につきます。かつては、大谷さんのホームランでフレッチャーがホームインした場合は、互いがピョンっと跳ね上がって、腕を合わせる「マリオジャンプ」も話題になりました。人気テレビゲーム「スーパーマリオ」のジャンピングから名付けられたパフォーマンスです。

2022年シーズンの終盤には、ホームラン後のバッターにコップの水をかけてお祝いするウォーターースプラッシュが定着しましたが、これを提案したのもイタズラ好きのフレッチャーです。

長打は少ないですが、三振が少なく、悪球でも安打にする広角打法は、相手にとっては嫌な打者。2023年3月のWBCではイタリア代表のバッターとして日本代表の先発ピッチャー大谷さんと対戦し、「仲良し対決」として話題になりましたね。しかし2023年は開幕早々マイナー落ちしたのが残念です。

ベンチのじゃれ友、サンドバルとスアレス

投手ではエースとしてチームを引っ張る大谷さん。打者ではDHのため、登板日以外ではイニング間のベンチ内でチームメイトとよく談笑しています。よく目にするのが、先発ローテーションで回っている左腕パトリック・サンドバルや、ホセ・スアレスらの若手投手と何やら楽しそうにじゃれ合っている姿です。

サンドバルは2018年7月末、当時、大谷さんの女房役で本書の第2章で登場したマーティン・マルドナドとのトレードにより、アストロズからエンゼルスに移籍してきました。ポテンシャルが高く、2020年シーズンから先発に抜てき。2022年は6勝9敗と負けが先行しましたが、投球イニング数（148回3分の2）と防御率2・91は、チームの先発投手では大谷さんに次ぐ2位の好成績を残しました。WBCの準決勝ではメキシコ

パトリック・サンドバル（右）とホセ・スアレス（左）

代表としてバッター大谷さんとも対戦しています。

サンドバルは、米スポーツ専門誌「スポーツイラストレーテッド」の取材で、大谷さんの性格を「彼はいつも、なんかふざけている。自然な感じでね。面白いよ」と明かしています。サンドバルだけではなく、そういえばチームメイトの多くが大谷さんのことを「サーカスティックで面白い」とも言っていました。サーカスティックは英語の直訳では「皮肉な」という意味ですが、「からかい上手」といったニュアンスです。簡単に言えば、イタズラ好きですね。

ちなみに大谷さんは2022年シーズン、サンドバルが登板した26試合のうち7試合でホームランを放ち、合計8本のアーチで援護しています。同投手の先発試合では大谷さんがホームランを打つかも、と期待してもいいかもしれません。投打の二刀流で活躍する大谷さんについてサンドバルはこう語っています。

「非現実的だよ。それ以外に、なんて言えばいいのか。もの凄い打球を飛ばし、もの凄いボールを投げる。彼のやっていることがどれだけ並外れているか、人々が理解しているのか分からない。それほど、信じられないことだ」

そしてもう1人、ベンチ内でじゃれ合う定番の選手が、先発左腕のスアレスです。ずんぐりむっくりの体型で、チャーミングな愛されキャラ。ベネズエラ出身の25歳です。大谷さんと同様、イタズラが大好きで、クラブハウスでは日本の報道陣にもちょっかいを出してくるとか。

試合中、ベンチでは大谷さんとヒマワリの種の殻を投げ合って楽しそうにじゃれ合う姿をよく目にします。2021年シーズンは8勝8敗、防御率3・75、翌2022年シーズンも8勝8敗、防御率3・96の成績を残しました。「なおエ」脱却のためにもう少し頑張ってほしい若手の1人です。

ロン毛・ロン髭のマーシュ

さて、大谷さんの仲良しメンバーとして、2022年シーズンに大きなインパクトを残した選手がいます。なが～いお髭とロングヘアーが否が応でも目に留まるブランドン・マーシュです。MLBデビューは2021年で、2年目のシーズンで外野手のレギュラーに定着しました。その風貌とは裏腹に気のいい好青年で、日本のメディアの取材にもよく応じてくれました。日本のファンの間でもマーシュがヒットを打つと「打ちマーシュ！」、外野でファインプレーをすると「捕りマーシュ！」という言葉が生まれるほど愛された人気者でした。

エンゼルスでは2022年シーズン、ホームランを放った後にカウボーイハットをかぶる儀

ブランドン・マーシュが打ちマーシュ！

式が定着しましたが、ある日、ホームランを打った大谷さんにマーシュがカウボーイハットをかぶらせようとした時のこと、「僕がかぶらせようとしたら、彼がジャンプして入ってきた。まるで〝ポン〟って音がするような感じでね。理由は分からないけど、面白かったよ」と、うれしそうに語っていました。ちなみに、２０２３年シーズンはカウボーイハットが日本の兜に変わり、話題になりましたね。

クラブハウスでも冗談を言い合う仲良しだったマーシュは、他の同僚たちと同様、大谷さんにからかわれたことがあるようです。

「僕が確か、試合で２三振してね。彼は３三振で、そしたら、ちょっといじってくるような感じで『僕に（打撃を）教えてよ』って。僕はこう言ったよ。『ショー、君はクレイジーだ』ってね」

２０２２年８月初旬のトレード期限直前にフィリーズ移籍が決まり、エンゼルスを去りましたが、マーシュは、同じ左打者として大谷さんをずっとお手本にしていました。

「ある状況で何を考えているか。そういうことも学んで、情報を得て、自分に生かしたかったんだ」

試合に臨むまでの準備、打席でのアプローチ、考え方を吸収しようと、プレーをよく観察していたそうです。トレードが成立してエンゼルスを去る時も、「彼はスーパープロフェッショナル。失敗や成功との向き合い方とか、全てに注目していた。見ていて、楽しかった」と名残惜しそうにコメントしました。

フィリーズ移籍でマーシュがチームを去る際、大谷さんは大切な元同僚に「心の底から応援しているので、結果を出してポストシーズン頑張って欲しい」とエールを送りました。その願いが届いたかのように、マーシュはフィリーズで活躍し、なんとワールドシリーズに進出しました。惜しくも世界一はなりませんでしたが、エンゼルスで大谷さんから学んだことは、きっと生きたはずです。

「イカちゃん」ベラスケス

もう1人、大谷さんの愉快な仲間として挙げたい選手が、アンドリュー・ベラスケス内野手です。フレッチャーと同様、同じ1994年生まれで、デビューも同じ2018年。エンゼルスには、2022年から加入しました。

守備名人アンドリュー・ベラスケス

チーム内では、守備範囲の広さから「Squid（スクイッド）＝イカ」とニックネームをつけられていて、大谷さんからは「イカちゃん」と呼ばれています。投手大谷さんを好プレーで何度も助けてきたベラスケスは、投打のスター選手を引き合いに出して、大谷さんの二刀流のパフォーマンスを称賛しています。

「彼がやっていることを毎日見られて、いち野球ファンとして信じられない。試合に向けて、投打の両方でしっかり準備をしていることは本当に素晴らしい。これが当然なことと思わないようにしている。誰もできないこと。これからも、誰もできないかもしれない。偉大さで言えば、ジャッジとコールを融合したような感じだね」

ヤンキースを投打で引っ張る両選手。ジャッジは2022年にア・リーグMVPに輝き、コールは257奪三振でタイトルを獲得しました。ベラスケスはその前年の2021年シーズンにヤンキースでプレーしており、両選手を知っているだけに、名門球団を代表する投打のスター選手と大谷さんを重ね合わせたのかもしれません。

ちなみにベラスケスは、ヤンキースが本拠地とするニューヨーク生まれで、お父様はニューヨーク警察で働いていたそうです。人が良さそうな、優しい雰囲気を醸し出すベラスケス。父は犯罪から人を守り、息子は守備職人としてチームを守る。2022年はシーズン終盤に膝をケガして離脱、2023年は開幕からマイナー落ちしていますが、二遊間のセンターラインは守備面で非常に重要なポジションですから、今後も大谷さんの助けになってくれるように復活を期待したいところです。

「アメリカン・オオタニ」フィリップス

最後に、2023年から新たにチームメイトになった選手として、「アメリカン・オオタニ」を自称するブレット・フィリップスを紹介せずにはいられません。レギュラーではなく、故障者や主力の休養日に出場するサブメンバーとして期待されるいわば第4の外野

新加入のブレット・フィリップス

手です。ノリがよく、明るいムードメーカーでもあるフィリップスですが、なぜ「僕がアメリカバージョンのオオタニ」と自称しているのでしょうか。

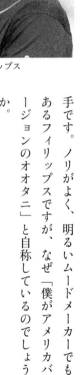

２０２１年7月2日のロイヤルズ戦、当時フィリップスが在籍していたタンパベイ・レイズが大差の展開で負けていたため、リリーフ投手を休ませる意味でフィリップスが８回に１イニングだけ登板し、〝投手デビュー〟を果たしました。１球だけ94・３マイル（約１５２キロ）をマークしましたが、ほとんどが70～80キロ前後のゆるい山なりのボール。わざとなのか、ちょっぴり変な投球フォームでファンを笑わせるパフォーマンスを披露し、ＳＮＳ上で話題になりました。

２０２２年シーズンはエンゼルス戦でも〝登板〟。右打者のアンソニー・レンドンが、あえて左打席に立ち、フィリップスから左打席でホームランを打つ〝神プレー〟が誕生しました。びっくり仰天の自称・二刀流は本家の二刀流・大谷さんとも対戦。ホームランは打たれませんでしたが、あっさり右翼フェンス直撃の二塁打を浴びました。〝投手成績〟は過去4試合で5イニング、11安打、ホームラン3本、9失点で防御率は16・20と散々な結果でした。

ちなみに、フィリップスは2015年の国際大会「プレミア12」にアメリカ代表としてプレーし、来日経験があります。また、かつて日本ハムの監督を務め、現在はコンサルタント契約を交わしているトレイ・ヒルマン氏は、義父の関係です。「僕の妻（ヒルマン氏の娘）が5年間日本に住んでいてね。どれだけ彼女が日本を好きでいるか、いつもそういう話題があがるんだ」と笑顔で明かしてくれました。

もちろん元祖二刀流・大谷さんのことはリスペクトしていて「彼がやっていることは信じられない。メジャーリーグに来て、投げて、打って。それが実際にどれだけ難しいことなのか。考えられない。プレーヤーとして、尊敬してやまない」と言っています。

チームメイトがホームランを打つと、2023年のホームランセレブレーションの兜を

ライセル・イグレシアス（左）とホセ・イグレシアス（右）

いち早く持ち出してベンチ前で待ちかまえるお祭り男のフィリップス。球場を活気づけるエンターテイナーはエンゼルスをきっと盛り上げてくれるでしょう。

2人のイグレシアス

「I LOVE SHOHEI（アイ・ラブ・ショウヘイ）。僕らは何か、非常にいい感じでつながっている。準備、考え方、注目して見ている。ものすごい、驚くべきエナジーがある。彼をリラックスさせて、楽しませたい」

そう言って〝大谷さんラブ〟を公言していた選手がいます。2021年シーズンの途中まで同僚だったホセ・イグレシアスです。キューバ出身の陽気な選手で、大谷さんへの愛情を惜しみなく表現し、言葉では言い表せない〝つながり〟も感じていたようです。

大谷さんがホームランを放った時にはベンチから真っ先に飛び出し、先頭でお出迎え。思いっきり抱きついたり、肩もみしたり、本人以上に喜んでいた姿をご記憶の方もいらっしゃるのではないでしょうか。そのラテンな喜びようは微笑ましく、日本のファンからも愛されていました。

2022年はロッキーズに在籍し、シーズン前のオープン戦で再会。ともにがっちりハグで旧交を温めていました。

イグレシアスと言えばもう1人、2022年シーズンにライセル・イグレシアスが守護神として活躍しました。前述のホセと同じキューバ出身で、オオタニ愛たっぷりでした。

2022年5月6日の試合前のことです。胸部分に「TEAM JAPAN」と書かれた黒の練習用Tシャツを着用し、ニコニコと満足そうに練習を終えました。

「ショウヘイのためにね、僕が作ったよ」

そう言いながら投手陣、さらには数人のメディアにも配布し、一体感を生み出しました。

クラブハウスでは帰宅時に日本メディアに向けて「コンニチハ」と日本語を話したり、お辞儀であいさつする親日家です。かつて、母国キューバとつないだZoomインタビューでは、スタジアム内の食堂で食事をしていた大谷さんをサプライズで登場させ、満面の笑みを見せていました。大谷さんも楽しそうで、仲睦まじい様子が伝わってきましたね。

絶対的守護神だったとはいえ、２０２２年のイグレシアスは精神的にややムラがありました。エンゼルスでは7月末までに39試合に登板し、２勝６敗、防御率４・04で救援失敗は３度もありました。しかし、２０２２年８月初旬にブレーブスへトレードされ、移籍後は28試合の登板で０勝０敗、防御率０・34、救援失敗は1度だけ。これほどまで変わるのか、と思われるくらいの大活躍でした。

放出されると活躍の謎

ライセル・イグレシアスのように、エンゼルスに所属した選手が他球団へ移籍した途端に花開き、活躍するケースは、実は珍しくありません。

例えば前述のホセ・イグレシアスは２０２１年シーズン、エンゼルスでは打率２割５分6厘でしたが、９月にレッドソックス移籍後、なんと3割5分6厘の高打率を残しました。

同じく前述したロン毛・ロン髭のブランドン・マーシュはフィリーズに移籍してワールドシリーズで活躍しましたが、エンゼルスにいてはワールドシリーズ進出など望むべくもなかったでしょう。

２０２１年５月にエンゼルスを去った大ベテラン、アルバート・プホルスも、他球団に移籍して成績がアップした１人です。同年、エンゼルスでは24試合の出場で１割９分８厘、ホームラン５本でしたが、移籍したドジャースでの85試合は、打率２割５分４厘、ホームラン12本をマークし、貴重な右の代打として活躍しました。古巣のセントルイス・カージナルスに戻った２０２２年シーズンは打率２割７分、ホームラン24本と大活躍。ＭＬＢ史上４人目の大台となるホームラン通算７００号の偉業を成し遂げ、最終的に７０３本で現役引退。最後の花道を古巣で飾りました。

２０２１年に先発投手として期待されていた左腕ホセ・キンタナも、なぜかエンゼルスでは不振でした。同年エンゼルスでは０勝３敗、防御率６・75と打ち込まれました。ところが、翌年はパイレーツとカージナルスの２球団で投げて合計32試合に先発登板し、６勝７敗と負けが先行したものの防御率２・93と安定した内容でした。

元同僚でワールドシリーズ制覇を経験した選手も数人います。第2章でも登場した大谷さんの元女房役マーティン・マルドナドは、2019年シーズンからアストロズに在籍し、正捕手として2022年の世界一に貢献しました。他にも、ダニエル・ハドソンがナショナルズ時代の2019年に守護神としてワールドシリーズ制覇に貢献。胴上げ投手にもなったベテラン右腕は、同年のシーズン前にエンゼルスの春季キャンプに招待選手として参加していましたが、メジャー契約はならず、ブルージェイズに移籍。その後、ナショナルズにトレードされ、花開きました。2019年シーズンに所属していた選手では中継ぎのルイス・ガルシアも他球団で活躍しました。2022年にパドレスの貴重なリリーフとして、64試合に登板。4勝6敗ながら、防御率3・39でチームのポストシーズン進出に貢献しました。

エンゼルスから放出された選手が新天地で大活躍するのは素晴らしいことで、素直に祝福したいところなのですが、同時に、なぜエンゼルスでは活躍できなかったのか、と複雑な気持ちも芽生えます。エンゼルスから放出された選手がなぜ活躍するのか、その答えは正直なところ、分かりません。しかし、たまたまエンゼルスで活躍できなかっただけで、放出された選手はもともと能力のある選手だったことは明らかです。つまり、エンゼルスにいる選手は能力の高い選手が多く、選手が本来の力さえ出せば、「なおエ」脱却の日は案外近いのではないでしょうか。

理解者マドン監督

さて、今度は大谷さんのボスたちに焦点を当てて見てみましょう。過去5年間で経験した監督は4人。1年目の2018年はマイク・ソーシア監督、2年目はブラッド・オースマス監督、3年目から5年目の途中までジョー・マドン監督、そして、5年目の途中から、フィル・ネビン監督がチームを指揮しています。

監督によって、大谷さんの起用法もさまざまでした。簡単に振り返ると、ソーシア監督の時代は登板前後の1日は準備や体の回復に専念するため休みでした。登板は基本的に中6日で日曜日が中心。「サンデー・ショウヘイ」という言葉も誕生しました。リハビリ中だった2年目はさておき、4年目の2021年、マドン監督が大谷さんに対する制限を撤廃。登板日にも打者で出場するリアル二刀流を解禁し、休養に充てられていた登板前後も打者で出場する、二刀流フル稼働でシーズンを戦いました。

ただ、実は1年目から大谷さんはフル回転できることを首脳陣にさりげなくアピールしていたそうです。当時のソーシア監督は「登板した翌日、彼はバットを持って、私の前に立って、『たぶん、僕は打てると思うよ』、なんてジョークのような感じで言っていたかな」。チーム方針で欠場とされながらも、大谷さんは打者出場の意欲は示していました。

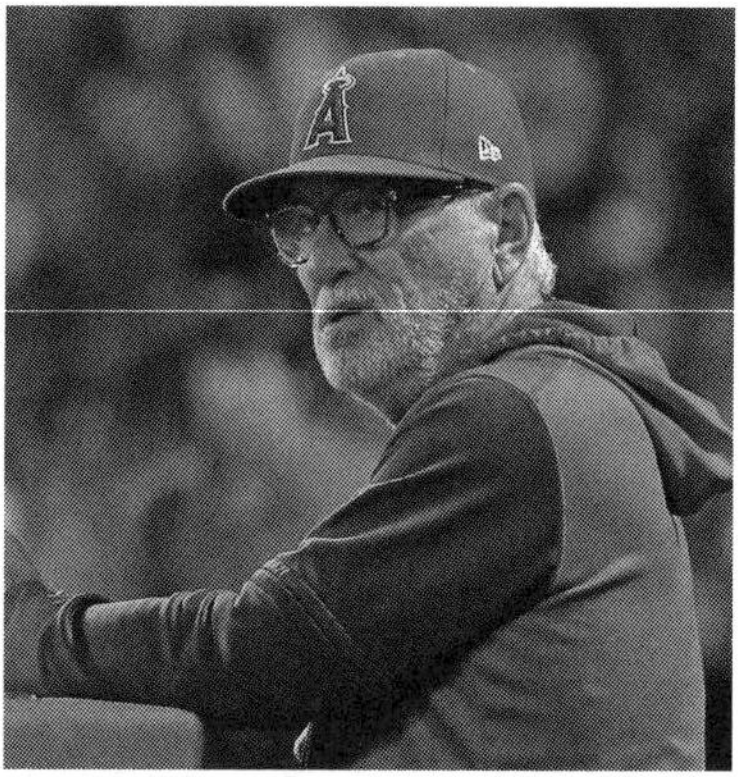
大谷さんのよき理解者だったマドン監督

その意欲が叶ったのが4年目、マドン監督が制限から〝解放〟したことで、二刀流は開花しました。類い希な唯一無二の才能の持ち主に制限をかけてはいけない。これが最優秀監督に3度選ばれている名将の考え方でした。もちろん、大谷さんが手術や故障を乗り越えて、フル稼働の二刀流に耐えられる体作り、メンテナンスを確立させたことが1番の要因です。

それぞれの監督へ、その時々で思うことはあるでしょう。ただ、2022年の6月上旬にチーム低迷によりマドン監督が解任された際には、自責の念と感謝の言葉を述べました。

「全てが監督のせいという訳ではもちろんないですし、むしろ自分自身の調子がこう上がらない。申し訳ないというのはもちろんあるので。お世話になりましたし、本当に感謝の気持ちはあります。どの監督もお世話になった監督はみんな一生懸命やっていましたし、選手自身もそういう監督についていきたいなと思ったんじゃないかなと」

共通して言えることは、過去の監督たちが大谷さんに全幅の信頼を寄せていたことです。前述したように2023年シーズンはフィル・ネビン監督が大谷さんを基本的に中5日で回す意向を示しています。これもエースへの信頼の表れと言えるでしょう。

監督からの期待に応えるのが選手。二刀流でフル稼働している大谷さんの気持ちが通じ、チームがポストシーズンに進出する。これこそが、今までの監督を含めて、信頼を寄せてくれた指揮官たちへの恩返しとなるでしょう。

欠かせないパートナー一平さん

理解者と言えば、大谷さんを陰で支える存在として、皆さんもお馴染みの水原一平通訳は外せません。日本ハム時代に外国人選手の通訳を務め、大谷さんと同僚でした。今ではエンゼルスのチームメイトや監督、コーチと大谷さんの意思疎通だけでなく、日々の練習パートナーとしても欠かせない存在です。投打の調整で、投球や打撃フォームの映像やチェック点を記録。水原通訳が二刀流の成功において重要な役割を担っています。

２０２１年11月15日、大谷さんは日本記者クラブでシーズンを振り返る会見を行いました。その中で、「お世話になったのはやっぱり一平さんじゃないですかね。常に一緒に仕事もしてますし。それはその通りじゃないかなと思います」と感謝の気持ちを述べました。

言葉通り、さまざまな面でサポートしてきた水原通訳は、大谷さんが米国で車の免許を取得するまで、代わりに運転することも多かったようです。何事にも一生懸命な姿は球団、ファンから注目を浴び、球団公式インスタグラムなどのＳＮＳに度々、登場するようにもなりました。本拠地エンゼルスタジアムでは「Ｗｅ　Ｌｏｖｅ　Ｉｐｐｅｉ」のボードま

大谷さんのそばにはいつも水原一平さんが

で出現し、敵地でも水原一平ファンが現れるほどの人気ぶりです。

2018年、ア・リーグの新人王に輝いた大谷さんは、水原通訳の右腕を左手でつかんで高く掲げ、満面の笑みで写真撮影を行いました。水原通訳は少し恥ずかしかったようですが、感謝と喜びを一緒に分かち合っていました。その年のシーズンオフには、結婚した水原通訳に大谷さんがサプライズの新婚旅行をプレゼントしたそうです。

故障など紆余曲折を乗り越えて、大谷さんを最も近くで支えてきた水原通訳ですが、4年目の2021年に思わぬ大役が回ってきました。日本人初のホームランダービーに出場した大谷さんが、捕手役として水原通訳を指名したのです。オールスター用に捕手の防具を着用した水原通訳が球団のインスタグラムで紹介され、大きな話題を呼びました。

今や、大谷さんに欠かせない注目度抜群の存在ですが、周囲の喧騒をよそにパートナーとしての心構えをこう語っています。

「第一には野球に集中してもらえるような環境を作るというか、整えるというか。まずはそこですね。邪魔にならないようにしています（笑）」

2022年シーズンで、ヤンキースのジャッジと大谷さんのMVPガチンコ対決が見られましたが、水原通訳が夢見ているのが、「トラウトとのMVP争いが見たいです」。同僚でMLBの現役最高選手トラウトとのMVP争い。仮にチームメイトでMVPを競うようなことがあれば、さすがにエンゼルスも「なおエ」にはならないはずです。

ヒリヒリする9月を

いかがでしたでしょうか。大谷さんが選んだエンゼルスという球団について、テレビ中継を見ているだけではわからない球団の特徴や歴史、チームメイトなどを駆け足でご紹介してみました。こうしてあらためて振り返ってみると、後発の球団として人気球団ドジャースの後ろ姿を追いかけながら成長してきたこと、そしてドジャースほど人気がないからこそファンや記者やチームの雰囲気が温かく、気長に選手たちを見守ってくれていることが伝わってきます。ところが反面、それが勝負の世界では勝負弱さとなり、勝ちきれずに「なおエ」の原因になっているという気もいたします。

同時に、この温かく見守ってくれる環境があったからこそ、大谷さんの二刀流が見事に開花したのではないでしょうか。もし、結果をすぐに求めるドジャースや東部の強豪チームに入団していたら、もっと早く投打のどちらかに見切りをつけて、二刀流を断念していたかもしれません。大谷さんがのびのび二刀流を楽しめるのも、エンゼルスという球団に所属しているから、ということは言えるでしょう。

しかし、大谷さんは低迷しているエンゼルスの現状には決して満足していません。

「もっともっと楽しい、ヒリヒリするような9月を過ごしたいですし、クラブハウスの中もそういう会話であふれるような9月になるのを願ってますし、来年以降、そうなるように頑張りたい」

２０２１年９月下旬、大谷さんが試合後に語った言葉です。ここ数年、すっかり低迷しているエンゼルスは９月が消化試合になります。一方で、プレーオフ進出を目指している球団は、毎日、負けられない戦いが続きます。大谷さんはチームとして、そういうマインドで戦っていける状況を渇望している訳です。同時にエンゼルスに残留することについて、次のように語っています。

「ファンの人も好きですし、球団自体の雰囲気も好きではあるので、ただ、それ以上に勝ちたいっていう気持ちのほうが強いですし、プレーヤーとしてはその方が正しいんじゃないかなと思ってます」

ＭＬＢはレギュラーシーズンが終わると、ペナントレースの熱気と興奮も冷めやらぬうちに中１日でプレーオフが始まり、そしてワールドシリーズまで続きます。両リーグの優勝チームを決めるプレーオフは正式には「チャンピオンシップ（優勝決定）シリーズ」といい、両リーグが東西２地区制を導入した１９６９年にスタート。当初は５回戦制でしたが、１９８５年にテレビの放映権料を増やすために７回戦制となりました。

その後、１９９４年に両リーグが東中西３地区制に再編され、それぞれの地区で勝率１

位となったチームが地区優勝となります。加えて、地区優勝を逃した当時11球団（各リーグ）の中で最も高い勝率を残した球団もプレーオフに進出できる、いわゆるワイルドカードが導入されました。2022年から各リーグ3球団、合計6球団となり、初めに「ワイルドカードシリーズ」を戦います。

レギュラーシーズン終了から約1ヶ月にも及ぶ長丁場で、いつしか「ポストシーズン」という言葉が定着するようになりました。現行では各リーグの地区優勝チーム3球団とワイルドカード（勝率の上位3チーム）を獲得した3球団ずつ、両リーグで合計12球団が出場できます。

多くの米球界関係者は「リーグ優勝を賭けた壮烈な戦いがあって、プレーオフが一番面白い」と言います。そんな中、エンゼルスは2014年を最後に、8年連続でプレーオフ進出を逃しています。今や、MLB30球団の中でタイガースと共に最も舞台から遠ざかっているのがエンゼルスです。

大谷さんにとってベストなチームは？

さて、そうなると気になるのが、大谷さんの今後です。

エンゼルスは2018年から6年間、大谷さんの保有権がありますが、2023年シーズンを終えると契約が切れ、フリーエージェント（FA）になります。スーパースターですから、契約が切れる前に長期契約を結ぶのが通例で、例えばトラウトは2019年のシーズン開幕前、新たに4億2650万ドル（当時のレートで約469億円）の超大型契約を結びました。

ならば大谷さんもと、米メディアは2022年シーズンからしきりに「長期契約の話は進んでいるのか」と、球団や大谷さん本人に質問をぶつけてきました。オーナーのモレノ氏は「トラウトと長期契約したときも、長い時間、話し合った。自分自身と家族がここにいたいのかどうかを考えて、自分で決断をしないといけない、と彼に伝えた。オオタニも、このチームにいたいかどうか、決めなくてはいけない」とメディアに説明しました。「ヒリヒリするような9月」を渇望する大谷さんは、果たしてどんな決断を下すのでしょうか。

２０２３年シーズン終了後に大谷さんがＦＡとなった場合、移籍する可能性のあるチームを考えてみましょう。２０２３年１月、米国メディアのＦＯＸスポーツはシーズン終了後にＦＡとなる大谷さんの移籍先候補の可能性をこう予想しています。１位メッツ、２位ドジャース、３位パドレス、４位ヤンキース、５位ジャイアンツ、以下レッドソックス、レンジャーズ、カブスを候補に挙げました。

どの球団も喉から手が出るほど欲しい選手だと思いますが、移籍先は、豊富な資金力を持ち、なおかつ優勝の可能性がある上位５球団に絞られるでしょう。大都市ニューヨークを本拠地とするメッツ、ヤンキースか、それともエンゼルスと同じカリフォルニア州に本拠を置くドジャース、パドレス、ジャイアンツか、大谷さんの行き先は東西２つに分かれると思います。

ニューヨークは「野球の首都」

まずは東海岸の球団について検討してみましょう。「野球の首都」と呼ばれるほど野球の中心地として栄えたニューヨークに本拠を置くメッツは、大富豪のスティーブ・コーエン氏がオーナーを務め、潤沢な資金力で贅沢税を意に介さない積極的な補強を続けており、移籍先の有力候補です。かつてエンゼルスのGMを務めていたビリー・エプラー氏が現在はメッツのGMを務めており、コネクションがあるのも大きいでしょう。同氏は大谷さんが日本ハム時代にヤンキースのGM補佐として何度も来日してチェックしていました。2015年からエンゼルスのGMに就任し、2017年オフに他球団との争奪戦の末に大谷さんのエンゼルス入団をまとめました。これが最大の功績とも言われています。エプラーGMは大谷さんの能力を信じ、二刀流としてプレーする環境を整えましたが、チームの成績が振るわず、2020年のオフに解任されました。

大谷さんはエプラーGMについて「もちろん感謝しています。感謝よりもやっぱり、3年間ポストシーズンも行けなかったし、行っていれば、まだまだ（GMを）やる機会もあったとは思う。なかなか結果が出なかったので、申し訳ないという感じです」と語っていました。エプラーGMの元で再び恩返し、というストーリーもあるかもしれません。

メッツに対抗するのが、毎年のようにMLB30球団中1位の年俸総額で大物選手を揃えてきた名門ヤンキースです。長い歴史と伝統があり、ワールドシリーズ優勝は最多の27回。

今も昔もメジャーリーガーなら、伝統ある縦じまのユニホーム、栄光のピンストライプに一度は袖を通したいと思う憧れの球団です。日本人メジャーを代表するスーパースターたちも、2002年オフに巨人の松井秀喜がFAでヤンキースと3年2100万ドルで契約。2012年7月にはマリナーズで10年連続200安打など数々の偉業を成し遂げたイチローがヤンキースへ電撃トレードで移籍しました。今や世界のスーパースターである大谷さんのように人気と実力を兼ね備えた選手であれば、ヤンキースを選んだとしても不思議ではありません。

慣れ親しんだロサンゼルスと西海岸

一方、西海岸で最有力候補なのが、2013年から8年連続地区優勝を飾るなどプレーオフの常連ドジャースです。ドジャースは、大谷さんの花巻東高校時代からローガン・ホワイトGM補佐らを日本に送り込み、大谷さんに熱い視線を注いでいました。資金も豊富で、毎年のように大物FA選手を獲得していますが、2022年オフはFA市場での動きは控え目でした。その様子を見たある米国人記者が、ドジャースは大谷さんの獲得へ「本腰を入れて動く」と断言。「ショウヘイを獲得する資金としてチームの総年俸に余裕を持たせたいためだ」と指摘しています。

そのドジャースに対抗しそうなのがパドレスです。近年、ナ・リーグ西地区で優勝を争うほどの強豪となり、2019年にドジャースから移籍したマニー・マチャドと当時FA史上最高の10年3億ドル（約330億円）で契約。2021年には当時メジャー3年目で22歳のフェルナンド・タティスJr.と14年3億4000万ドル（約360億円）で契約延長するなど、ドジャースに優るとも劣らないぐらい派手な戦力補強を続けています。さらに特筆すべきはパドレスの球団幹部です。ドジャースの元オーナー、ウォルター・オマリー氏の孫で実業家のピーター・サイドラー氏が現在パドレスのオーナーを務めています。また、ドジャースが高校時代の大谷さんをスカウトしたときのホワイトGM補佐が現在、AJ・プレラーGM直属の上級相談役兼選手管理部長を務めています。

球団アドバイザーは、日本人メジャー選手のパイオニアとして道を切り開いた野茂英雄氏が務めており、ダルビッシュ有とは2028年まで6年1億8000万ドル（約141億円）で契約延長しています。憧れの日本人レジェンド2人の存在は大谷さんにとっても大きいでしょう。資金を惜しみなくつぎこんでチームを強化する姿勢は、球団史上初のワールドシリーズ制覇への本気度が伺え、大谷さんと目指す方向が一致しています。

ドジャースにとって最大のライバルであるジャイアンツですが、2014年途中から2018年までドジャースのGMを務めたファーハン・ザイディが2019年からジャイアンツの編成本部長に就任しました。多くの日系人が住み、多くの日本人観光客も訪れるサンフランシスコを本拠地としていますが、1964年に日本人メジャーリーガー第1号の村上雅則投手が誕生して以降、MLBで話題になるような日本人選手を輩出していません。また、2007年に歴代最多ホームラン記録保持者のバリー・ボンズが引退し、2010年、2012年、2014年と3度も世界一に輝いたあとは人気も下降ぎみ。大谷さんのような新たなスーパースターを渇望しています。

大谷さんはエンゼルスに残るのか、それとも他球団に移籍するのか。もし他球団に移籍したら、それこそ元祖二刀流ベーブ・ルースが1920年にレッドソックスからヤンキースへ電撃トレードで移籍したぐらいの歴史的な大ニュースになることは間違いないでしょう。

獲得には過去最高額が必要

エンゼルスに残留するにしても、移籍するにしても、大谷さんの獲得には破格の資金が必要です。2022年12月にヤンキースのジャッジが9年3億6000万ドル（約492億円）で再契約しました。年俸にすれば4000万ドル（約52億円）です。大谷さんの獲得には、おそらくこの金額が最低ラインで、かつ10年以上の長期契約が必要でしょう。そう考えると、獲得資金に5億ドル！　は必要です。ESPNの記者はMVPを獲得した2023年3月のWBCでの活躍を踏まえた上で、最低ラインが北米プロスポーツ史上最高額の6億ドル（約810億円）になると予想しています。この額が10年契約だとすれば、年俸はなんと6000万ドル（約81億円）です！

プレーだけではなく、獲得金額も規格外の大谷さんですが、裏を返せば、その天文学的数字の金額に見合うだけの価値が認められているということです。大谷さんが2021年シーズンに投打で歴史的な活躍をしてMVPを獲得し、2022年は近代野球で史上初のダブル規定到達という大偉業を達成し、2年連続でMVP級の活躍をしたことは前述したとおりです。加えてここでお伝えしたいのは、大谷さんのその規格外の鉄人ぶりです。

MLBに挑戦してからの3年は、右肘や右膝の手術など故障が続きましたが、2021年から負傷者リスト（IL）とは無縁です。股関節痛や、腰の張り、右肘の張り、右手中指の張りなどはありましたが、投打二刀流という肉体的負担の大きさにもかかわらず、長く戦列を離れたことはありませんでした。

MLBの労働環境は過酷で、各チーム162試合のうちホーム、ロードで81試合ずつ。いざシーズンが始まると連戦続きでほとんど休みはなく、チーム休養日は月間で4日程度。基本的に連休はなく、まとまった休みと言えばオールスター期間中の3、4日程度ですが、大谷さんも含め、オールスターに出場する選手はその休みもありません。

アメリカの西海岸から東海岸までの移動時間は、航空機で約6時間前後ですが、この大陸間の大移動を強いられる上に、東西3時間の時差がある中で、シーズンを通して体調を万全にすることは決して簡単なことではありません。ちなみに2023年に予定されているエンゼルスの移動距離は、飛行距離にして4万4038マイル（約7万307キロ）。これは地球を一周と4分の3周する距離に相当します。

そんなただでさえ過酷なＭＬＢのシーズンを、人の２倍の体力を使う二刀流で戦い続ける大谷さん。２０２１年は１５８試合に出場し、２０２２年は１５７試合に出場しました。驚くべきことに、この２年間で大谷さんより多く出場した選手はＭＬＢ全体でたった７人だけです。ＭＬＢはケガ人が多く、２０２２年シーズンは延べ８５４人、１チーム平均28人がＩＬ入りした計算です。無事これ名馬。こうして見ると、ここ数年の大谷さんの鉄人ぶりが際立ちます。

一般人の我々から見れば６億ドルはちょっと想像もつかない途方もない金額ではありますが、こうして冷静に大谷さんの価値を振り返ってみると、獲得金額が過去最高額となっても決して驚きはありません。エンゼルスに残留か、移籍するのか。その決断も目が離せませんが、その時に動く前代未聞の獲得金額にも大注目です。

大谷さんの未来

「世界一の野球選手になる」

その目標を達成するために大谷さんはＭＬＢに挑戦し、常に高みを追求してきました。

故障や不振を乗り越え、投打で驚くほどの進化を遂げました。今や多くのメジャーリーガーから「地球上で最高の選手」と称賛されています。

２０２３年３月のＷＢＣで世界一となりましたが、大谷さん自身はまだまだ満足していません。優勝後の記者会見での言葉が、とても印象的でした。

「今日、勝ったからといって、その目標は達成された訳ではないので。１つの通過点として、もっと頑張っていきたいし、これからシーズン始まるのでそこに向けて日々努力したい。ポストシーズン、ワールドシリーズで勝っていくのが次のステップ。次、３年後の大会（ＷＢＣ）で立ち位置をキープする、もっと素晴らしい選手になれるように頑張っていきたい」

この先、大谷さんはどこの球団で、どんな進化を遂げていくのでしょうか。プレーオフ、ワールドシリーズでの活躍が見られる日が来るのはいつのことでしょうか。

大谷さんを応援する楽しみは尽きることがありません。もっともっと、すごい大谷さんが見たい！　そんな気持ちは皆さんと同じです。世界一の二刀流選手として、これからもきっと、ファンの予想を超え、驚かせてくれることでしょう。

おわりに

１９７３年に初渡米して以来、現地でＭＬＢを見続けて50年。昔に比べて日米の実力差は驚くほど縮まり、２００６年の第１回ＷＢＣで日本が初代王者になってから、５大会中３度も世界一に輝くような時代となりました。

それでも、日本人選手が世界最高峰のリーグで投打の二刀流に挑戦し、高いパフォーマンスを維持して１６２試合を戦い続けることは不可能に近いと思っていました。なぜなら、１９１８年、１９１９年の元祖二刀流ベーブ・ルース以来およそ１００年間、本格的な二刀流プレーヤーが誰１人として存在しなかったからです。また、米国ではアマチュア時代にどんなに投打で活躍した選手でも、大学やプロ入りのときに投手と野手、どちらに専念するかを決めることが主流でした。ＭＬＢで活躍し続ける選手はほんの一握りで、メジャーデビューすることなく引退する選手も数え切れないぐらいいます。それぐらいハイレベルで競争が激しく、過酷な世界なのです。

しかし、日本のスーパースター大谷翔平さんが歴史を変えました。2023年3月に開催されたWBCの大舞台では投打に大車輪の活躍を見せて、世界一とMVPに輝きました。次は悲願のワールドシリーズと〝ダブル世界一&MVP〟も期待したくなるぐらいです。そうなれば、目標としている世界一のプレーヤーの座は不動のものになるでしょう。

今後も二刀流選手として活躍を続けていけば、2010年代の10年間に最も活躍した選手に贈られるMVP、いわゆる「プレーヤー・オブ・ザ・デケード」に輝いた同僚マイク・トラウトに続いて、2020年代のMVPが視野に入ってきそうです。

そして、今世紀に入ってまだ四半世紀も経っていないのに言うのもおかしいですが、21世紀のベストナイン「オールセンチュリーチーム」にも選出されそうな活躍ぶりです。20世紀がベーブ・ルースなら、21世紀最大のヒーローは大谷さんになるかもしれません。それぐらいベースボールに革命を起こし、歴史を作った人物と言えます。

これからもう二度と現れそうにないような唯一無二の二刀流・大谷さんをもっと知るべく、本書を読んでいただいた皆様に心よりお礼を申し上げます。これを機会にさらに大谷さんが好きになり、野球が好きになり、本場アメリカのＭＬＢを楽しんでいただけたら嬉しく思います。

最後に本書をまとめるにあたり、エンゼルスに大谷さんが入団して以来、現地で大谷さんを精力的に取材されている日刊スポーツ新聞社の斎藤庸裕氏に多大なる協力を賜り、小学館の木村順治氏に本書を出版する機会を与えていただき、心より感謝申し上げます。

そして、私をＭＬＢの世界に導いてくれた日本一の大リーグ通であり、最大の恩師であるパンチョこと故伊東一雄氏にも大谷さんの活躍を知ってもらいたく、天国の亡き恩師へ本書を贈りたいと思います。

２０２３年３月　福島良一

福島良一［ふくしま・よしかず］

1956年、千葉県生まれ。大リーグ評論家。68年に日米野球を初観戦し、本場のアメリカ野球に魅了される。73年に初渡米して以来、毎年のように全米各地で観戦。MLB全30球団の本拠地はじめ、マイナーリーグ、独立リーグなど数え切れないぐらいの球場を訪問。大リーグ通の第一人者だった故伊東一雄氏の薫陶を受け、現在は日刊スポーツなどで執筆のほか、テレビ、ラジオなどで評論。NHKなどを経て、20年からはインターネットTVのSPOTV NOW、ABEMAでMLB中継の解説者としても活躍中。著書に『大リーグ物語』（講談社現代新書）、『大リーグ雑学ノート1、2』（ダイヤモンド社）など多数。

取材、執筆協力：斎藤庸裕
編集：木村順治

もっと知りたい！大谷翔平
SHO-TIME観戦ガイド

二〇二三年　六月六日　初版第一刷発行

著者　福島良一
発行人　下山明子
発行所　株式会社小学館
〒一〇一-八〇〇一　東京都千代田区一ツ橋二ノ三ノ一
電話　編集：〇三-三二三〇-五六五一
販売：〇三-五二八一-三五五五
印刷・製本　中央精版印刷株式会社

Printed in Japan ISBN978-4-09-825450-7

本文写真：日刊スポーツ、USATODAYSports／ロイター／アフロ、AP／アフロ